总主编　方剑乔

浙江中医临床名家
蒋文照

徐珊　主编

科学出版社
北京

内 容 简 介

本书是“浙江中医临床名家”丛书之一，介绍了浙江名医蒋文照。蒋文照教授是第一批全国老中医药专家学术经验继承工作指导老师，浙江省名中医。本书共分六章：中医萌芽、名师指引、声名鹊起、高超医术、学术成就、桃李天下。重点介绍了蒋文照教授的从医之路、治学经验、学术思想、技术专长及传承后学的成就；选摘了蒋文照教授的授课讲稿；附录蒋文照教授的大事概览和学术传承脉络；结合具体案例展现了蒋文照教授在脾胃病证及和法等方面的学术特长和医术优势。

本书可供中医临床、科研工作者及在校学生阅读使用，也可供中医爱好者参考。

图书在版编目（CIP）数据

浙江中医临床名家. 蒋文照 / 方剑乔总主编；徐珊主编. —北京：科学出版社，2019.7

ISBN 978-7-03-061517-6

Ⅰ.①浙…　Ⅱ.①方…②徐…　Ⅲ.①蒋文照（1925-2008）-生平事迹②脾胃病-中医临床-经验-中国-现代　Ⅳ.①K826.2②R256.3

中国版本图书馆CIP数据核字（2019）第111156号

责任编辑：陈深圣　刘　亚　王立红／责任校对：王晓茜
责任印制：徐晓晨／封面设计：黄华斌

科学出版社出版
北京东黄城根北街16号
邮政编码：100717
http://www.sciencep.com
北京捷迅佳彩印刷有限公司 印刷
科学出版社发行　各地新华书店经销
*
2019年 7 月第 一 版　开本：720×1000　B5
2019年 11 月第二次印刷　印张：8　插页：2
字数：135 000

定价：58.00 元

（如有印装质量问题，我社负责调换）

蒋文照（1925～2008）

拜师大会合影

为金庸先生诊脉

蒋文照教授夫妇与孙辈

浙江中医临床名家

丛书编委会

浙江中医临床名家·蒋文照

编　委　会

主　编　徐　珊

副主编　徐燕立　　朱飞叶

编　委　（按姓氏笔画排序）

马伟明	冯　立	成信法	朱飞叶
朱君华	刘云霞	刘丽冰	杨季国
吴晋兰	张永生	张爱琴	单卓程
茹清静	徐　珊	徐发莹	徐燕立
裘生梁	裘秀月		

总　序

中华医药，博大精深，源远流长。灵兰秘典，阴阳应象，穷万物造化之妙；《金匮》真言，药石施用，极疴疾辨治之方。诚夷夏百姓之瑰宝，中华文明之荣光。

浙派中医，守正出新，名家纷扬。丹溪景岳，《格致》《类经》，释阴阳虚实之论；桐山葛岭，《采药》《肘后》，载吴越岐黄之央。固钟灵毓秀之胜地，至道徽音之华章。

浙中医大，创业惟艰，持志以亢。忆保俶山下，庠序进修，克艰启幔；贴沙河干，省立学府，历难扬帆；钱塘江畔，名更大学，梦圆宇响。望滨文南北，富春秋冬，三区鼎足，一校华光；惟天惟时，其命维新，一德以持，六艺互襄；部省共建，重校启航，黾勉奋发，踵武增华。

甲子校庆，名医辈出，几代芳华。值此浙江中医药大学建校六十周年之际，特辑撰“浙江中医临床名家”丛书，以五十二位浙江中医药大学及直属附属医院名医为体，以中医萌芽、名师指引、声名鹊起、高超医术、学术成就、桃李天下为纲，叙名家成长成才之历程，探名家学术经验之幽微，期有益于同仁之鉴法、德艺之精进。

时己亥初夏

目　　录

第一章　中医萌芽……1

第一节　地嘉人善富仁心……1

第二节　幼承庭训儒医质……2

第三节　伯乐识才荐名医……2

第二章　名师指引……4

第一节　御医国手陈莲舫……4

第二节　清代名医李子牧……6

第三节　业医恩师徐松全……9

第四节　学校进修得深造……10

第三章　声名鹊起……12

第一节　勤学苦读方成医……12

第二节　大医精诚德才高……14

第三节　命名省级名中医……15

第四节　指导老师传后人……15

第四章　高超医术……17

第一节　同病异治活其法……17

第二节　异病同治圆其机……27

第三节　调和脾胃治杂病……32

第四节　擅用和法疗诸疾……36

第五章　学术成就……40

第一节　崇尚中和理念……40

第二节　重视气之为病……43

第三节　倡言浊邪致病……45
第四节　强调升降出入……47
第五节　注重顾护胃气……49
第六节　创制经验效方……53
第七节　专病诊疗方案……58
第六章　桃李天下……73
第一节　编写函授教材……73
第二节　详析各家学说……73
第三节　解惑经典理论……82
第四节　传授临床技能……98
附录一　大事概览……114
附录二　学术传承脉络……118
后记……119

第一章

中医萌芽

浙江历史悠久，文化灿烂，是中国古代文明的发祥地之一。浙江大地自古以来人杰地灵，名医辈出。如义乌之丹溪（朱丹溪），会稽之景岳（张景岳），钱塘之三张（张遂良、张志聪、张锡驹），数不胜数。著名的脾胃病专家蒋文照教授就出生在浙江省嘉善县天凝镇的蒋村村。

第一节　地嘉人善富仁心

具有6000多年农耕文化的浙江省嘉善县，为驰名中外的鱼米之乡，地处太湖流域杭嘉湖平原，位于浙江省东北部、江浙沪两省一市交会处。嘉善东邻上海市青浦、金山两区，南连平湖市、嘉兴市南湖区，西接嘉兴市秀洲区，北靠江苏省苏州市吴江区和上海市青浦区。嘉善以特有的水乡、古镇和田园风光闻名遐迩。人问嘉善如何？依清代《嘉善县志》所云：“因旧有迁善六乡俗尚敦庞、少犯宪辟，故曰嘉善。”历史上的嘉善因“民风淳朴、地嘉人善”而得名。这里的百姓为人和善，邻里之间和睦相处，家家户户和和美美。人们常用“四个平”来描述嘉善：地势平坦、心态平和、城乡平衡、社会平安。

天凝镇蒋村村位于天凝镇偏北位置，是该镇较为偏远的一个乡村，总人口1300余人，是一个纯农业村，境内地势平坦，水网如织，素有“鱼米之乡，水产明珠”之美誉。村内有两棵树龄达500余年的古树名木银杏，为其独特的人文景观，为村庄平添了几分古朴气息。

嘉善的朴实、勤劳、平和、谦逊、为善，造就了一方水土养一方人，也成就了蒋老一方名医的传统人文性格。

第二节 幼承庭训儒医质

蒋老1925年10月4日出生于浙江省嘉善县天凝镇蒋村村一户书香门第。清代嘉庆年间，其祖先自江苏常州迁居嘉善南蒋浜。祖父蒋吉甫为清代秀才，以教书授业、经营坯业为生。大伯蒋凤书24岁亦中秀才，父子两人金榜题名，名望甚高。父亲蒋士彬，字焕如，一生经商，广结朋友，为人和善，乐于接济，饮誉乡间。蒋父生有四子，蒋老乳名贞观，排行第三。

其父待人接物热情善良，对家庭生活和教育却非常严格。蒋老生性聪慧，心静好学，先后在嘉善县蒋村小学、珍珠桥小学高小部、嘉善中学学习，抗日战争期间因日军侵扰学校停办，仍在其长兄蒋文熙（时为嘉善中学教师）的辅导下，在家学习古文等，奠定了良好的文化基础。

说起从医之路，蒋老谓为“命中注定”。论及缘由，皆因蒋老小时候，家人曾经为他算过命，算命先生说他是“天医星”，故而使其确立了从医之志，在从医之路上发愤图强，方使卜者之言得以应验。

第三节 伯乐识才荐名医

1944年初，时任嘉善杨庙米行经理的同村翁善言回家，谈及嘉兴名医徐松全医术高超，而蒋老心静聪慧，学医极为合适，蒋老闻及甚为乐意。同年2月25日，经翁善言介绍，赴位于杨庙的徐松全诊所拜师学医。

徐松全（1892～1974年），原名福基，学医后改名松全（或松旋、松泉），嘉兴油车港马厍汇徐家门人。18岁时作为晚清御医陈莲舫弟子，即清代名医李子牧的开门弟子习医，21岁满师后悬壶开业。徐氏擅长温病，取法叶天士；兼治内妇儿杂症，法宗陈莲舫。诊病详于四诊，精于辨证，救人无数，医名鹊起，求医者众。

拜师学医，其实还要自学医籍。故而求学生涯前两年，蒋老的时间较多用在深究经典医籍上，如《黄帝内经》《通俗伤寒论》《金匮要略》《温热经纬》《温病条辨》《医宗必读》《类证治裁》《本草从新》《临证指南医案》等，这些书他都背得滚瓜烂熟。他在学医的第三年开始抄方，学至第五年，改为上午抄方，下午随师出诊，其中也包括独自出诊。出诊看的都是重病，当时乡村尚无西医，也无抗生素，止痛片也很少，就是用中医中药解除患者的疾苦，挽救患者的生命。

蒋老聪明好学且肯吃苦，深得其师器重，至1949年1月，圆满完成了5年学业。蒋老的求学生涯要比其他人长，因此学到的知识也就更多。学业结束后，蒋老在嘉善县蒋村家中开设中医诊所，悬壶开业，很快就打响了名气。门诊虽都为常见病，但若能药到病除，村民们便会一传十，十传百地夸其医术高。如治一高热患者，喉中痰鸣，呼吸急促，神志昏迷，呼之不应，蒋文照投1剂而使其神志清醒，呼吸趋平，因此名声大振。

治病救人，普济苍生，蒋老奉之为天职，并作为一生的追求。即使1956年后在省城杭州学习和工作，每逢寒暑假期回乡探亲，都会免费为村民看病。1996年退休后，他仍坚持门诊，为患者服务，直至生命的最后时刻。

第二章 名师指引

蒋老于1944年拜晚清御医陈莲舫再传弟子嘉兴名医徐松全为师，1952年参加嘉善县天凝区联合诊所工作，任负责人，为民解除疾苦，饮誉乡里。他在1956年被保送至浙江省中医进修学校（浙江中医药大学前身）师资班学习，翌年以优异成绩留校任教。1959年又赴北京中医学院医经教研班深造，传承并发展了陈莲舫、李子牧、徐松全等的学术思想，崇尚“中和”理念，临证善用和法取效，在脾胃病方面形成了独特的学术思想、理论见解和临床诊疗方法。

第一节 御医国手陈莲舫

陈莲舫（1840～1914年），男，上海市青浦区人，清末医家，名秉钧，别署庸叟，又号乐余老人，青浦陈氏十九世医。早年随祖父陈涛侍诊，潜心医学，得其传而过之。清代光绪二十六年（1900年）悬壶上海北海路，求诊者门庭若市。翌年应聘赴湖北为两广总督张之洞治病，逢张之幕僚李平书，与之结为莫逆交。光绪二十九年，二人与中医朱紫衡等创立医学会，光绪三十二年又相与创办上海医务总会，以研究中西医术为宗旨。光绪年间，他奉召五入京城，为光绪、慈禧治病；任御医值御药房事，封为三品刑部荣禄大夫，颁赐“恩荣五召”堂额。其足迹遍及江、浙、皖、鄂、湘、直、粤诸省，有“国手御医”之称。其在老年辞官寓居上海，曾任上海广仁堂医务总裁及各善堂施诊所董事等职。

陈家世代业医，陈莲舫先生为第19代传人，后自称为“十九世医陈”。其曾祖父陈佑槐，祖父陈涛，父亲陈垣，皆以行医为业。陈莲舫自幼学习儒业，同时随祖父习医。继承家学，勤于思考，师古通今，推陈出新，悬壶行医，名噪一时。其为人质朴敦厚，崇尚医德。光绪壬寅年（1902年），创办了“上海医会”，并且编写中医教材，开办中医学校，致力于中医教育事业。弟子有李子牧、陈蓉舫、寿时中等300余人，医名遍及全国。

陈莲舫精通医理，熟稔经方，洞晓脉理，擅治内、外、妇、儿诸科杂病，立案处方配合灵妙，用药轻灵平稳。上至王公大臣、封疆大吏，下至贫民百姓，求治者甚众，治病也是药到病除，救治无数危候。他在青浦古镇朱家角悬壶行医，因医术高明，四方求诊者不远千里而来，当时陈氏宅前——放生桥至何家桥一段河面，求医船只常挤得水泄不通。久而久之，不少官场人物也都慕名前来，一时名声大振。一日，陈莲舫被召至浪台，为光绪帝诊治，切脉后便知其病乃心情忧郁，火气过旺，加之久居内宫，食之不消，本无大病，就开了2剂降火开胃之方，岂知药方呈上后却未被批阅通过。原来年轻的皇上过于迷信补药，每剂药方必加人参。陈莲舫心想，消化不良而再食人参，岂非火上浇油，万一皇上病情加重，弄得不好，还会遭遇杀身之祸。左右为难之际，突然急中生智，计上心头。便在原药方内加入人参，将人参煨成炭用。光绪帝见了此方大喜，1剂药服下去，病就痊愈了。其实，人参煨成炭，反而有了消食开胃的功能，当然对病情更为有利。

陈莲舫医学著述甚多，常以对经典著作加按语、眉批的方式阐发己见，现存有《陈莲舫先生医案》《陈莲舫先生医案秘钞》《十二经分寸歌》《御医请脉详志》《莲舫秘旨》《医案拾遗》《女科秘诀大全》《加批时病论》《加批校正金匮心典》等著作。福建科学技术出版社陆续出版了列入国家规划重点图书的《陈莲舫医案集》《女科秘诀大全》等，深受读者欢迎。

研读陈莲舫的医学著述，足见其师古通今，权衡达变，用药轻灵，周到全面，和法应用，出神入化。兹录陈莲舫医案五则如下，从中可见一斑。

案一：肝气案。徐，女。肝气犯中，中焦积痰蓄饮，当脘痛胀，吞酸吐沫，气入于络，腰背胁部及手足络脉皆为牵引，奇经遂失禀丽，产后经久不行，脉见细弦。治以和养。药用法半夏、抱木神、玉蝴蝶、炒丹参、左金丸、远志肉、炒杜仲、合欢花、东白芍、佛手花、桑寄生、新会皮、丝瓜络、玫瑰露炒竹茹。

复：久有肝气，自产后营阴大伤，厥阴更为失养，皆以春令应肝，肝邪遂为鸱张，既犯中，又入络，脘腹胀满，遍体络脉牵引不和。肝通于心，心亦为悸，奇经因之失丽。癸事不行已经连月，种种营亏气痹，木土不协，脉见细弦。治以调降。药用西洋参、抱木神、炒当归、炒丹参、法半夏、远志肉、桑寄生、合欢花、左金丸、玉蝴蝶、炒杜仲、乌勒草（一钱五分）、玫瑰露炒竹茹、丝瓜络、代代花。

案二： 肠风案。沈，男，42岁。阳明郁热，肝脾统脏两为失司，以致气陷为肛坠，营虚为肠风。脉息沉弦，舌苔微灰。嗜烟体气阴两伤，调理不可偏阴偏阳，治以和养。药用党参、赤曲、扁豆衣、诃子肉（一钱五分）、於术、地榆、炒椿皮、炒荆芥、延胡索、白芍、丹参、炒扁柏、炒荷蒂、枣。

复：肠风绵延，或轻或重，血下如水，甚则后重，脉见沉弦。阳明郁热，肝脾又失统脏，以致营不为守，再以和养。药用於术、丹参、茯苓、椿皮、地榆、赤白芍（各一钱）、扁柏、扁豆衣、延胡索、新会皮、炒荆芥、赤曲、荷蒂、枣。

案三： 嗳气案。沈，男。当脘满闷，屡屡发嗳，多纳即为作胀，属脾失其使，胃失其市，中焦升降失职，水谷不化精华，而生痰饮，久防反胃，脉见沉弦。治以调降。药用法半夏、全福花、抱木神、荜澄茄、左金丸、代赭石、远志肉、佛手花、东白芍、炒丹参、范志曲、新会皮、红玫瑰露炒竹茹。

案四： 关格案。李，男，34岁。关格数年，一饮一食皆难停留，必得吐尽后已，渐至气久不能升降。现在阴液亦为枯槁，呕甚见血，脘腹通连梗痛，脉六部细微。无六淫外感，亦无七情内发，昨晚形寒发热，寒暖不调所致。拟调中降逆。药用吉林须、全福、木神、姜半夏、川连（元米炒）、代赭、益智、丹参、苏梗、瓦楞、范志曲、会皮、姜竹茹、伏龙肝。

案五： 呕血案。男。阳明为多气多血之经，血随气沸，或紫或红，皆属整口。久防损及肝肺，渐加咳嗽。脉见弦数，治以和降。药用细生地、旱莲草、白芍、茯苓、川石斛、女贞子、蛤壳、归须、参三七、盆秋石、仙鹤草、鲜藕汁（一小杯）。

第二节　清代名医李子牧

李子牧（1868～1933年），男，秀水（今浙江省嘉兴市）人，清代名医，字滋漠，又名保常。弱冠师承御医陈莲舫，业成悬壶嘉兴、上海等地，医名卓著，并陪同陈莲舫赴京为慈禧太后诊病。曾任嘉兴医师公会干事长，参与筹办施药局等。1910年收嘉兴油车港马库汇徐松全为弟子。

李子牧精通典籍，博采众长，擅治时病，组方轻灵。晚年，尤以调治内、妇、杂症为专长，择药精细，喜用鲜品，特别注重护养脾、胃，分别阴、阳选药，或宗东垣，或法天士，井然有序，学博而不泥。

李子牧藏书极富，无论《黄帝内经》《难经》等典籍，以及先贤名著，觅其善者皆集之，尤其爱购“本草”书籍，并经认真研究，增辑而成《重订增补本草备要》八卷。另有《李子牧医案》二卷，为其弟子所辑集，载案说理清晰，简明扼要，辨证精确，择药恰当，可师可法。

其弟子徐松全收集李子牧医案，1964年发表在《浙江中医杂志》第7卷上，兹选录如下。

案一：肝是先天，心脾为依附；冲原血海，任带为系维。三阴既虚，八脉亦损，营虚生热，气虚生痰，痰热互扰，化气化风，犯中宫，脘满腹痛；上巅顶，目蒙头疼；窜络脉，手麻足软；走筋骨，脊楚腰酸。癸事趱前，带下不固，脉左滑右弦，舌尖红白，拟养营以熄热，参调气以化痰。药用西洋参（米炒）、炒丹参、抱木神、杭菊花、炒杜仲、白蒺藜（去刺）、竹沥夏、生白芍、远志肉、金毛狗脊。

案二：身半以上为风肿，身半以下为水肿，上下皆肿，名曰风水。水宜利二便，风宜发腠理，《黄帝内经》言开鬼门、洁净府，是为得之。药用紫浮萍、赤苓皮、川椒目、甜葶苈、杜赤豆、川桂枝、川牛膝、大腹皮、黑白丑、真针砂、木防己、冬瓜皮、老姜皮、陈麦秆。

案三：冬温逆传心包，身热神昏，疹点欲现不现，口渴引饮。舌苔前半绛、后半干黄，脉两寸关滑大。拟宗喻西江芳香透窍，吴淮阴辛凉泻表。药用犀角尖（磨冲）、鲜石斛、淮银花、羚羊角、连翘心、天花粉、天竺黄、白茯神（辰拌）、甘中黄、川贝母、冬桑叶、西赤芍、棉纱线、牛黄丸（灯心汤化）。

复：疹点透发，身热渐解，惟口渴引饮，舌苔前半绛、后半干黄，脉两寸关洪大较减、尚见滑数，阴液灼伤，余焰未熄，所喜神志已清，可免反复致险。药用鲜石斛、连心麦冬、淮银花、天花粉、川贝母、京元参、经霜桑叶、抱茯神（辰拌）、连翘心、丝瓜络、光杏仁、白通草、生梨皮、活芦根。

编者按：喻西江即喻昌（约1585～1664年），清代医学家，字嘉言，别号西昌老人，江西新建（西昌）人；研读医书，在常熟行医。晚年著《尚论篇》《医门法律》《寓意草》等书；推崇《伤寒论》，长于内科杂病，强调辨证论治。

吴淮阴即吴塘（约1758～1836年），清代著名医学家，字鞠通，江苏淮阴人。受吴有性，特别是叶天士的影响和启发，对温热病进行研究，采集过去有关温热病的著述，结合自己实践经验，写成《温病条辨》，论述三焦辨证和治法，对温病学的发展有较大贡献和影响。

案四：不寐之因有八：老年血虚，肝失血涵，心失血养，一也；病后虚烦，二也；虚劳烦热，三也；思菀不舒，四也；胆热有疾，五也；心虚有热，六也；胃逆不和，七也；阳不入阴，八也。大致心气素虚，中夹痰涎，阻格阴阳，不能交济，自述上下如隔，升降不通，用药宗内经半夏汤、集验温胆汤、终南补心丹加减。药用宋半夏、北秫米、熟枣仁、抱茯神、远志肉、川贝母、炒丹参、夜交藤、新会皮、金石斛、生白芍、淡竹茹、莲子心。

编者按：集验温胆汤为《外台秘要》引《集验方》方。终南补心丹出自陈自明《校注妇人良方》。据《成方切用》记载："终南宣律师课诵劳心，梦天王授以此方。"故名之曰"天王补心丹"。

案五：肾主闭藏，肝主疏泄，二火扰及阴精，心君亦失主宰。肝之魂，幻其形；心之神，现于梦；离不交坎而吸其阴，且盗癸而开其键，窍关不固，由梦而强，由强而遗，古法以清心为主，而熄肝安肾亦兼及之。药用小生地、抱茯神（辰拌）、远志肉、上川连、炒丹参、炒知母、川黄柏、莲子心、西洋参、陈灯心。

案六：腰重如带五千钱，腹大如抱五石瓢。水湿之气，横逆充斥，必得调和二府，温通三焦。不则鲍姑之艾，涪翁之针，亦奈之何矣。药用安肉桂、川椒目、大腹皮、川厚朴、怀牛膝、熟附子、淡干姜、赤苓皮、木防己、黑牵牛（巴豆霜打末拌炒，去巴豆霜）、黑车前、陈麦秆、伏龙肝。

编者按：鲍姑，名潜光（约309～363年），上党（今山西省长治）人，晋代广东南海太守鲍靓之女，医家葛洪之妻。自幼在父亲的耳濡目染下，对道教的教义十分有兴趣，嫁给了葛洪后，成为葛洪的得力助手，和葛洪的弟子黄初平一起帮葛洪研究炼丹术，抄写著作，为附近的百姓治病。葛洪在罗浮山去世后，鲍姑和弟子黄初平到广州越岗院，一面修道，一面为百姓治病。她继承了丈夫和父亲的医术，加上自己的钻研，医术更加精湛，往往药到病除，人们称她为"鲍仙姑"。鲍姑精于灸法，以治赘瘤与赘疣擅名。她因地制宜，就地取材，以当地盛产的红脚艾进行灸治，取得显著疗效。"每赘疣，灸之一炷，当即愈。不独愈病，且兼获美艳。"鲍姑是我国历史上第一位女施灸家。

涪翁，西汉末、东汉初涪县（今绵阳市区）人。其真实姓名及生卒年均不详。据《后汉书·郭玉传》载："初有老父，不知何出，常渔钓于涪水（即涪江，在今四川省境内），因号涪翁。"治病不论贵贱，皆全力救治不图报酬。后传针术给程高，程高再传于郭玉，后来郭玉成为东汉时期的一代名医。涪翁所著《针经》《诊脉法》等，均失传。

巴豆与牵牛同用属配伍禁忌，《十九畏歌》曰："巴豆性烈最为上，偏与牵牛不顺情。"实验研究表明，巴豆与牵牛同用，泻下作用增强。对于"十八反""十九畏"之配伍禁忌，历代医家遵信者居多，也有认为相反相畏药物同用，相反相成产生更强功效，运用得当，可愈沉疴痼疾。《儒门事亲》"进食丸"中巴豆牵牛同用，治酒食所伤以致心腹胀满疼痛等症，可为例证。但临床使用配伍禁忌之药，当慎之又慎。

第三节 业医恩师徐松全

徐松全（1892～1974年），男，原名福基，学医后改名松全（或松旋、松泉），浙江省嘉兴市油车港马厍汇徐家门人。18岁时作为清代名医李子牧的开门弟子习医，获其真传。21岁满师后悬壶开业，曾设徐松全诊所，后参加油车港联合诊所工作。蒋老1944～1949年经人介绍至其门下学医，同期学习者有其子徐鼎钧。1962年徐松全先生70岁高龄时收张凤美和其长孙徐浩作为关门弟子。

徐松全先生既擅长温病，取法叶天士；又兼治内妇儿杂症，法宗陈莲舫。诊病详于四诊，精于辨证，救人无数，医名鹊起，求医者众。浙江电视台"钱塘中医故事"节目中，蒋老在谈到自己的学医经历时说："我跟师嘉兴名医徐松全学习中医，学了5年""我的业师是陈莲舫的再传弟子，就是陈莲舫徒弟的徒弟"。他在自传中也写道：徐松全医术很好，诊务繁忙，"来找他看病的人很多，有时一个上午就要看100多个病人。印象特别深刻的是那种表现不明显的病，别人看不好，但是在他手上就看好了""故我于1944年2月25日由翁善言介绍去杨庙徐松全诊所学医"。徐松全先生每天都要诊治众多前来求诊的患者，而且经常还要出诊，出诊看的都是重病。每当蒋老谈及老师，崇敬之情溢于言表。

徐松全先生勤奋好学，出诊的时候，在船上也要看书，且对诊治病例常加整理，编辑《徐松全医案》数卷。1964年在《浙江中医杂志》发表《李子牧先生医案》一文。兹选录徐松全先生整理的同日诊治的医案三例，以飨读者。

案一：张左，壬子九月二十五诊。劳伤肝脾，入夜肌灼，大腹膨胀，溺赤脉弦，治拟疏和。药用炒香附三钱，炒川楝子三钱，炒延胡索四钱，大腹皮三钱，炒枳壳四钱，范志曲（即建神曲）三钱，小青皮二钱，台乌药四钱，紫官桂一钱，广木香一钱五，枸橘李三钱，莱菔子三钱，新会皮四钱，陈橼皮三钱。

案二：李右，壬子九月二十五诊。肝邪不和，脘宇胀满，牵引经络酸痛，有时头晕，纳入发嗳，脉弦细，拟和肝为主。药用淡吴萸五分，生白芍五钱，梧桐花一钱，宣木瓜一钱五分，炒杭菊一钱五分，煅石决明五钱，七香饼四钱，左秦艽四钱，仙半夏四钱，佛手片四钱，二蚕沙三钱，新会皮四钱，荷叶边一圈，丝瓜络二钱。

编者按：七香饼出之《临证指南医案》卷十。药物组成：香附一两二钱，丁香皮一两二钱，甘松八钱，益智仁六钱，砂仁二钱，蓬术二钱，广皮二钱。主治：稺（同稚）年夏月，食瓜果水寒之湿，着于脾胃，令人泄泻。《温热经纬》引本方用法：上为末，神曲糊调匀，捏成饼子，每重一二钱，干之。用时杵碎，水煎服。

案三：陈先生，壬子九月二十五诊。伏暑，身热出汗，邪不外解，微寒恶风，头痛肢酸，脘闷恶食，脉细，邪势深伏，恐其增重。药用大豆卷四钱，陈青蒿一钱五分，淡黄芩一钱五分，鸡苏散（包煎）三钱，炒通草五分，鲜佛手一钱五分，净连翘三钱，青竹叶三钱，生苡仁三钱，广郁金一钱五分，赤苓四钱，连皮杏仁三钱，荷叶一角。

作为御医的陈莲舫师古通今，权衡达变，活法圆机，周到全面。用药讲究平和允当，轻灵取胜，遣方用药，慎之又慎，再三斟酌。其弟子后学多以承传。蒋老深谙太师医训，临证领悟内科为各科基础，脾胃又为内科基础，突显脾胃学说之重要性。而中医乃“致中和”之医学，和其不和为治病之本。故而，蒋老长期致力于脾胃病证与和法的研究，形成了独特的理论见解，临床技术和诊疗手段，其崇尚“中和”理念，临证善用和法之学术思想与医术专长，可谓一脉相承。

第四节　学校进修得深造

5年学医满师之后，蒋老开始像老师一样悬壶开诊，1950年10月经师叔嘉善县天凝镇中医郑静山等的介绍，蒋老加入了嘉善县天凝镇医务工作者小组。1952年4月1日嘉善县天凝区联合诊所成立，蒋老先后兼任所务委员、第一分所负责人等职，同年7月作为代表参加了嘉善县中西医师代表大会。

1956年2月23日，嘉善县天凝区联合诊所征求蒋文照是否愿意赴杭参加浙江省中医进修学校进修学习，这对于求知欲甚高的蒋老来说，真是喜出望外。蒋老曾经这样写道：我自己觉得各方面都不够，必须通过进修学习才能更快的提高。于是蒋老毫不犹豫，立即答应，在短短的几天内就安排好了工作和家庭，做好了准备。同年2月27日到嘉善县办理保送进修学习的相关手续，2月28日到达杭州浙江省中医进修学校（浙江中医药大学前身）报到注册，参加第四期师资班为期1年的进修学习。师资班开设了“医史”《黄帝内经》《伤寒论》《金匮要略》《神农本草经》“温病学”“诊断学”“针灸学”“基本医学知识（西医学）”等课程，采用授课、示教、讨论、实习等相结合的教学方法。1957年1月进修学习结束后，学校在100个学员中挑出成绩优异的4个学员留校任教，蒋老是其中之一。

1959年5月10日蒋老由学校推荐又赴北京中医学院（北京中医药大学前身）医经师资班参加为期3个月的进修学习。北京中医学院是新中国最早成立的高等中医院校之一，隶属于原卫生部，被誉为中国中医药领域的首善院校和最高学府，云集了全国的中医药著名学者，师资力量雄厚。

通过两个师资班的进修学习深造，蒋老的中医药理论水平显著提高，从临床实践到理论研学，从理论研学又返回到临床实践，奠定了蒋老理论实践相结合，成为一方名医的坚实基础。

第三章 声名鹊起

蒋老常言，追溯历代名医史迹，从中不无启迪之处。他们那种“医乃仁术”“宁为良医”的献身精神；百折不回，发皇理义的攻关学风；精诚专一，艰苦奋斗的治学态度，实乃成为一代名医的重要因素。而择其要者有二：一曰“志”；二曰“恒”。言其“志”者，即有继承中医，争当名医、献身杏林之雄心壮志。有志则有兴，有兴则有专，有专则有识，有识则有成。

第一节 勤学苦读方成医

蒋老20岁那年，选择了拜师求医之路。虽说是拜师学医，其实学得好不好、行医成不成，主要还是靠自身的努力。蒋老常说：“勤学苦读方成医”。他是这样说的，也是这样做的。在学医生涯的5年里，蒋老的时间几乎都用在深究中医经典之中，诸如《医宗必读》《本草从新》《内经知要》《通俗伤寒论》《金匮要略》《温热经纬》《温病条辨》《类证治裁》《叶天士医案》等他都细细研读。他每日跟随老师抄方，因为当时是用毛笔写字，不能随时随地记，只能在看完患者的方子后就立刻背下来待到患者复诊的时候，再记上几遍，以此熟练。这样的日子很艰苦，但对于想学好中医的蒋老言，倒也不觉清苦。老师出诊了，师兄们经常会凑在一起打麻将，而蒋老就坐在清静的角落独自读书。

2011年夏，蒋老的学生们专程前往蒋老的家乡嘉善蒋村探访，意外获得蒋老时在甲申四月上旬的习医抄本第五卷，其时应为1944年4月下旬，蒋老1944年2月25日赴徐松全诊所拜师学医，入师门才2个月，习抄之多，足见蒋老之勤奋好学。

同样，蒋老参加浙江省中医进修学校师资班与北京中医学院医经师资班学习，非常珍惜进修学习的机会，如饥似渴地汲取知识营养。在浙江省中医进修学校师资班，由于学习成绩优异，他被评为优等生。他当时的学习情况，考核组对蒋老的评语这样写道：

（1）学习态度端正，不论上课或讨论从不迟到早退，上课时静心听讲，勤摘笔记（笔记较完善，能帮助同学校正）。

（2）讨论时思想不开小差，静听同学们发言，自己有不懂的地方能虚心向同学请教，但自己有所领会亦乐于与同学们交换意见，而且不厌其烦有耐心。

（3）在自修课时，总以备课和温课按需要而准备，能及时对学习上有帮助。

（4）学习态度好，有钻研精神。平日虚心，能耐心在同学们之间展开互助（如有同学开会等缺课，帮助他补课）。

（5）对政治时事关心。

蒋老的学习精神、学习态度、学习方法所集中体现出来的这种学风，即使是在当下，仍然是我们学习的楷模。

对于如何学好中医，蒋老指出此绝非易事，因为中医属于一种文化，有自己的一套理论，是一种医学艺术，需要去体验、去领悟，每个人所达到的境界和程度千差万别。学中医就是这样，同样一个疾病，这个中医治得好，那个中医却治不好；有的医生用这种方法治疗，另外的医生选择别的方法治疗，但都可以殊途同归。学习中医、研究中医、实践中医，一定要从文化的层面上入手，才能深刻理解，把握精髓，领悟真谛。

如果说学中医有什么窍门，蒋老认为就是12个字：研读经典，融会贯通，熟能生巧。四大经典是中医学的理论基石，为历代中医登堂入室的必经门径，应当深刻理会。需要熟记的知识，诸如《药性赋》《汤头歌决》等就当反复诵读。此外，还应广泛涉猎其他非医学方面的知识，通晓自然界阴阳变化之理和四时寒暑变化的规律，全面了解患者的社会生活环境，如此才能避免临床诊疗中的种种过失。所谓“学之广在于不倦，不倦在于固志”，只有依靠勤奋不懈的努力和持之以恒的追求，在长期的实践中，积累成功的经验，汲取失败的教训，反复磨炼，知难而进，才有可能成为高明的医生。

第二节　大医精诚德才高

20世纪50年代初，蒋老在嘉善天凝一带已享有盛名。

蒋老认为：医术固然重要，医德尤须高超。医德与医术皆关临床诊治之质量与效果，就二者关系而言，应是以德统才，方为良医。才统于德，无才固不足以成德，而无德以统才，则才为跛扈之才，实足以败，断无可成。《医宗必读·行方智圆心小胆大论》曰："宅心醇谨，举动安和，言无轻吐，目无乱观，忌心勿起，贪念罔生，毋忘贫贱，毋惮疲劳，检医典而精求，对疾苦而悲悯，如是者谓之行方。"历代医家成其名者，除了术有所长外，大多医德境界甚为崇高。其徒常侍蒋老之侧，其矢志苦学，为民除疾，尊重同道，淡于名利，感人至深。

以患者之疾苦为所急，以拯溺救焚为己任，精勤不倦，学以致用，蒋老正是这样。他在医疗、教学、研究等工作60年，勤奋求实，积累了丰富的理论知识和临床经验。

蒋老在84岁高龄时仍坚持每周3次门诊。由于年幼时生活的艰辛，工作学习的刻苦，蒋老的身体状况并不怎么好，每次门诊上下班都需要在学生的搀扶下，一步一步，颤颤悠悠。即便如此，蒋老仍然心心念念为患者着想。每次坐诊都提前1个小时到来，为的就是尽可能地长时间为患者服务。虽然看病是有限号的，一般为30个患者，但若是遇到那些慕名而来求诊的患者，蒋老总是不忍拒绝，加号为他们诊治。在患者眼中，蒋老是一位医术高超，而且仁心厚德，体恤患者的好医生。他总是微笑着问诊把脉、开方，没有任何"架子"。

在他的诊室里，永远都是"人丁兴旺"。除了那些慕名来求医的患者外，还有很多诚心求学的学生，他们中间有的已经年近半百，为人师表；有的却是初出茅庐的黄毛小子。对待他们，蒋老都一视同仁，诲人不倦。由于蒋老的普通话中带有浓重的地方口音，学生有时会听不懂，每当这时，蒋老都会耐心地重复一遍又一遍，没有丝毫厌倦的意思。

蒋老兼职颇多，工作繁忙，诊务甚重，即使在家休息，求诊者仍络绎不绝。居室成诊室，患者为亲人，他不辞辛劳，不厌其烦，这正是蒋老治学临证突出之处。如有一诸暨籍少女患者，头痛数年，西医检查，原因不明。心烦失眠，异常痛苦，只得辍学就医。后慕名请蒋老诊治，适逢蒋老休息在家，经悉心辨析，断为肝郁化火，上扰清空所致。二诊治疗，经年顽疾，应手而愈，使其恢复学习，令患者称颂不已。

蒋老患有多种慢性病，身体状况已大不如前。2008年7月17日上午，时值蒋老专家门诊，求诊的患者很多，一直忙到中午1点过后才下班。蒋老已80多岁的高龄，又是酷暑炎热之季，高龄体弱又加之过度透支，身体突发变故，虽经医院全力抢救，2008年8月5日16时，蒋老还是永远离开了尊敬他和深爱着他的患者、学生和同事。

第三节　命名省级名中医

蒋老结合临床实际，系统学习理论，师承名家，颇多受益，平脉辨证，学验俱丰，临床精于内科，兼及妇儿，诊治脾胃病证尤为擅长。他在1986年被晋升为主任中医师、教授；1993年被国务院授予“具有突出贡献专家”证书，并享受“政府特殊津贴”。他先后担任浙江中医药大学中基教研室主任、各家学说教研室主任、文献研究室主任、中医系副主任、函授部副主任，《浙江中医学院学报》编辑部主任、主编，校学术委员会副主任委员等职；任浙江省中医学会常务理事、副秘书长，浙江省中医基础理论研究会主任委员，浙江省中医药高级技术职称评审委员会成员，浙江省第五届人大代表，浙江省第五届政协委员等。

为了表彰为浙江省中医药事业做出突出贡献的老中医药专家，弘扬和发展中医药事业，1982年浙江省人民政府命名了首批43名“浙江省名中医”，并授予“浙江省名中医”荣誉证书。蒋老具有扎实的中医药理论基础和丰富的专业经验，在诊疗常见病、多发病和某些疑难危急重症方面具有独特的诊疗技术，特别是对于脾胃病证与和法的研究，形成了独特的理论见解、临床技术和诊疗手段，在省内外学术界及民众中享有较高的声誉，在继承发展中医药学术和提高临床疗效水平中工作业绩突出，蒋老金榜题名，获颁“浙江省名中医”荣誉称号。

第四节　指导老师传后人

1990年国家中医药管理局下发了《关于采取紧急措施做好老中医药专家学术经验继承工作的决定》文件，该文件的决定是为抢救老中医药专家独到经验和技术专长的特殊政策、措施，这是全国中医药界盼望已久的事，也是继承与发扬中医药学术、弘扬中华民族优秀传统文化、造福子孙后代的大好事。这一决定充分地表达了老一辈中医药专家的心愿，也体现了党和政府对中医药事业的关怀。国内外享有盛誉的老中医药专家年事已高，一位又一位地相继离去，令我们失去了一批尊敬的恩师，更使中医药事业失去了一笔不可弥补的宝贵财富。这些中医药界的老前辈，为中医药事业的崛起与振兴，为培养中医药后继人才呐喊、抗争、奋斗了一生。自然界新陈代谢的规律，令他们带着一生心血的结晶，也带着对中医药事业与后辈们的殷切期望走了。继承与抢救老中医药专家的学术经验更显必要与紧迫。

按照国家人事部、卫生部、国家中医药管理局《关于采取紧急措施做好老中医药专家学术经验继承工作的决定》和《实施细则》所规定的条件、程序，通过严格的遴选，1990年12月24日，浙江省职称改革领导小组正式发文，并报请国家中医药管理局批准，蒋老光荣地成为首批500名全国老中医药专家学术经验继承工作指导老师之一，也是浙江省13人中的一员。1991年4月14日，浙江省科技干部局、浙江省卫生厅联合发文确定周亮与徐珊为蒋文照教授学术经验继承人。浙江省中医药管理局规定1991年5月1日为统一带教和继承的上岗时间，为期3年。

第四章

高超医术

蒋文照教授从事医疗教学60余载，临证长于内科，兼及妇儿科，在医教研生涯中，蒋老积累了丰富的临床经验，其中对脾胃及肺经疾病的诊治，得心应手，匠心独具。

第一节　同病异治活其法

蒋老常言，疾病的发病时间、地区、患者机体反应性，以及疾病发展阶段的不同，使同一种疾病所表现的证候不一，因而治法也不一样，体现了中医治病的灵活性与针对性。

一、胃脘疼痛，五法选用

胃脘痛是中医内科常见病证，往往虚实错杂，寒热相兼，诊治颇为棘手。蒋老临证治疗胃脘痛，善用宣畅气机以止痛；并主张气滞之因有不同，理气之法则殊途。因而临证常据因选用疏肝和胃、化湿和中、温中散寒、养阴益胃和健脾益气五法治疗，多获效应。

1. 疏肝和胃法

胃脘痛病名，首载于《黄帝内经》。《灵枢·胀论》言："胃胀者，腹满，胃脘痛"，说明胃脘痛的病位在胃。蒋老认为：胃为水谷之海，传化物而不藏，位居中焦，为气机升降之枢纽。胃气以通为用，以降为和。气不通降，为痛最易。而胃气郁滞，每为肝气横逆，受其乘克，诚如《沈氏尊生书·胃痛》所言："胃痛，邪干胃脘病也……唯肝气相乘为尤甚，以木性暴，且正克也。"木失条达，气机不畅，横逆犯胃，胃气阻滞，胁脘胀痛时作。

治宜疏肝和胃，调畅气机。药投辛香之品，如柴胡、香附、川朴、香橼、木香之辛温佐川楝、郁金之苦寒，意欲不致过于温燥。然肝体阴而用阳，气郁日久，势必化热生火，而胃为燥土，易成肝胃蕴热。且气为血帅，气既久阻，血亦应病，而成“初病在经，久痛入络”之肝胃瘀血。故疏肝和胃又有或兼清热，或兼化瘀之异。前者加蒲公英、左金丸等，后者增延胡索、失笑散等。

2. 化湿和中法

脾与胃相为表里，胃主受纳，脾司运化。饮食不节，恣食生冷、肥甘厚味，或饥饱失时，损伤脾胃。脾伤则运化失司，湿从内生。中气被湿困遏，遂成脘痞胀闷不舒，渐生疼痛。《灵枢·经脉》曰：“脾足太阴之脉……是动则病……胃脘痛，腹胀善噫，得后与气则快然如衰，身体皆重。”蒋老辨析，此由脾病及胃，湿阻气滞，中焦失于调和所致。脾运失健，湿邪困遏，是以腹胀便溏，身重矢气；胃气阻滞，升降失职，故见胃脘作痛，呃逆呕吐。治宜化湿和中。药用藿香、川朴、半夏、苍术、薏苡、车前、通草理气化湿。然脾运失健，胃纳亦惫，日饮水谷，不能消受，易滞中脘，湿食交阻，脘痛益甚。故化湿之中每佐消导和中之品，如谷麦芽、神曲、鸡金、山楂等是。另则，湿虽阴邪，却常视脏腑阴阳不同属性，从阳化热，从阴化寒。脾为阴土，胃为阳土，脾湿及胃，从热而化，湿热胶着互结，而治法则易之以清化和中，连朴、三仁可以择用，以图辛开苦降，淡渗下利。

3. 温中散寒法

《素问·举痛论》曰：“寒气客于肠胃之间，膜原之下，血不得散，小络急引，故痛。”寒凝经脉，气血郁滞，不通成痛。蒋老常说：胃脘痛一证，内伤者居多，外感者间或有之，其中或为湿侵，或为寒凝。而寒湿入胃，是为表象，每缘脾胃本虚。此寒气侵胃，乃中阳不振，故为虚阳寒凝，本虚而标实。因而，临床须分别标本而治有侧重，温中宜用附子理中丸，散寒则投良附、荜澄茄等。然或温中，或散寒，皆欲通畅中焦之气机也。

4. 养阴益胃法

胃为阳明燥土，喜润恶燥，得阴自安。胃病日久，最易伤阴。阴液不足，胃失柔润，和降不利，中焦气机因而失畅，蒋老称之为阴虚气滞。症见脘痞隐约灼痛，饱胀嗳气不除，舌红苔少或剥，脉见细象。此气滞乃病之标，若纯用理气药品，香燥者居多。香燥之品，易于劫津伤液，与病之本无益。蒋老常在酸甘之中参以辛香，如沙参、麦冬、芍药、甘草、佛手、香橼、木香、砂仁等，其中酸甘辛甘相伍，酸甘有化阴之妙，辛甘有发散之功，一阴一阳，合而为之，则气阴同治，而免补阴而滋腻滞胃，行气而劫阴伤津之虞。

5. 健脾益气法

中焦脾胃主腐熟运化之功，依赖中气之激发与推动，中气一虚，则推动作用减弱，功能失调，胃气因而郁滞不通，此乃因虚而致实。蒋老认为：胃脘痛，肝气郁结者，疏之可通；湿邪内阻者，化之可通；阳虚寒凝者，温之可通，此通则不痛之用也。而气虚所致气滞者，当补而通之。彼则祛邪而通其气，此则扶正而通其气。方用张洁古枳术丸。气虚当补，白术加人参、黄芪等健脾升清以益其气；气滞宜行，枳壳加陈皮、木香等和胃降浊以畅其中。两者相伍，一升清，一降浊，清升浊降，脾胃调和，正合“脾宜升则健，胃宜降则和”之理。

6. 病案举例

案一：许某，女，46岁，1991年4月1日初诊。胃脘作痛经年，近感刺痛灼热，心情急躁，口干发苦，食少便结，舌质红紫，边有瘀斑，苔少而干，脉弦细。治以养阴化瘀，理气和中。

处方：北沙参12g，麦冬9g，炒白芍15g，郁金9g，蒲公英15g，川楝子9g，延胡索10g，紫丹参15g，佛手片6g，全瓜蒌（杵）9g，八月札9g，鸡内金9g，炙甘草6g，陈香橼5g。7剂。

按：是案胃痛经年，一则久痛入络，气血郁滞，经络失和；二则内有瘀热，伤及阴血，胃失濡润，故胃阴不足，气滞血瘀，虚实互见。疏方沙参、麦冬、白芍、甘草酸甘化阴以缓其痛；郁金、丹参、八月札、金铃子散行气活血以通其络；佐以佛手、香橼、鸡金疏肝和胃；蒲公英清其瘀热；瓜蒌润肠通便。用药味多，杂而不乱，丝丝入扣，药中肯綮。滋阴而不嫌腻，化瘀而不伤中，故服药7剂，即见药效。继宗原法，调治2个月，诸症告痊。

案二：严某，男，44岁，1991年1月21日初诊。脘宇痞塞不舒，有时腹中胀痛，纳呆，晨起恶心，体疲乏力，大便易溏。经胃镜检查，提示胃窦部浅表性炎症，伴肠化生。舌质淡，苔黄腻，脉濡带数。治以健脾益气，化湿清热以畅中州。

处方：生黄芪15g，白术9g，炒苡仁20g，杏仁（杵）6g，白蔻仁（后下）3g，藿木香各9g，陈橼皮6g，车前草10g，蒲公英15g，谷麦芽各12g，鸡内金9g。嘱服7剂，见效，则守方隔日1剂继服。

6月10日复诊：上方按嘱服用至今，6月7日胃镜复检，病告痊愈。

按： 本患脾气素虚，又兼湿热内蕴，气虚运行失畅，湿阻气机郁滞，是以胀痛作矣。治则益气健脾，清化湿热兼顾。蒋老用药以清灵轻巧见长。他常说：遣方用药，务要轻清冲和，灵动流畅，意在维护脾胃。胃脘疼痛，胃腑本有损伤，纵有湿食瘀浊，不堪重剂再创。否则，胃气愈益衰惫，邪气亦难祛除。同时，他还强调守方的重要性，证型辨析既定，主方无须变更，如是，则可提高临床疗效。

二、肺脏疾患，四法述要

肺脏疾患，盖病发于肺之实质脏器或肺之经络，其病证颇广，属于中医学“感冒”“咳嗽”“喘证”“哮证”“肺痿”“肺痈”“肺痨”“咯血”等之范畴。肺脏外合皮毛，开窍于鼻，统营卫而司呼吸。蒋老认为：肺位最高，又为娇脏，外感六淫，内伤七情，皆可犯肺，以致气机升降失常，而“肺为贮痰之器”，痰浊阻肺，气机不利，乃肺脏疾患之病机中心。临证治疗则不离乎“化”，而“化”之义，一谓化其痰浊；一谓利其肺气，肺利则气化，浊行而复为津液矣，故“化”之法贯其施治始终。然感邪性质有不同，正气亏虚亦有差异，而临证则有宣化、温化、清化、润化四法之别。

1. 宣化法

蒋老认为，肺主一身之表，寒邪可从皮毛束肺，以致营卫失调；热邪则从鼻窍袭肺，导致呼吸不利；燥邪亦可同气相求，引起肺失清肃；而风邪轻扬善行，常与寒、热、燥、湿混合为患，侵及肺脏。肺为呼吸之橐籥，位居最高，受脏腑上升之清气，禀清肃之体，性主乎降，又为娇脏，凡六淫之气，一有所著，即能致病。蒋老主张，六淫袭肺，治当宣化。宣者，发散表邪，宣利肺气之谓也。选方用药多喜轻清宣透之品，不宜重浊厚实之物，即吴塘所谓“治上焦如羽，非轻莫举”之意。如杏苏散治风寒束肺，桑菊饮疗风热犯肺，桑杏汤用于燥热袭肺等。

陈某，男，38岁，1992年6月9日初诊。感冒咳嗽1周。6月3日下午突感形寒恶风，随之发热，即去医院急诊。T：39.8℃，胸部X线透视提示“两肺纹理增粗”。经抗菌输液治疗，身热稍退，波动在37.6～38.2℃，头身疼痛，咳嗽痰少，色黄质稠，口唇热疮，咽喉干燥，舌边尖红，苔薄白，脉滑数。治以宣肺清热，化痰止咳。

处方：甘菊花9g，炒桑叶9g，银花15g，连翘15g，炒黄芩6g，前胡9g，浙贝9g，杏仁（杵）9g，旋覆梗9g，化橘红6g，陈橼皮9g，干芦根15g，生甘草6g。7剂而愈。

按：《河间六书·咳嗽论》言："寒暑燥湿风火六气者，皆令人咳。"邪从皮毛口鼻而入，肺卫受感，壅遏不宣，清肃之令失常，则痰液滋生，阻塞气道，影响肺气出入，因而引起咳嗽。是患热虽在肺，而表邪未除，故宣化之中清泄里热以求表里同治，表里和，肺气利，宣肃功能得以恢复，而身热咳嗽告平。

2. 温化法

《难经·四十九难》曰："形寒饮冷则伤肺。"蒋老认为：胸为清旷之区，肺居胸中，为阴中之阳。胸阳气馁，形寒饮冷，堪称忧患；痰浊阴邪，尤易扰乱；而畏寒肢冷，痰嗽喘咳诸症是以作矣。然究其因，阳气素虚在先，而复以感受寒邪，过食生冷，损伤阳气，或痰浊内生。治宜温阳散寒，利肺化痰。方选《金匮要略》之小青龙辈等，药用半夏、细辛、干姜、桂枝、白芥子、苏子等，诚如仲师所言："病痰饮者，当以温药和之。"

应某，男，64岁，1978年11月2日初诊。咳喘有根，与年俱进，入冬受寒复又上气喘急，胸部窒塞，不能平卧，心悸，肢面浮肿，痰沫艰出。苔白，脉滑。治以温化平喘。

处方：炙麻黄3g，川桂枝6g，杏仁（杵）9g，旋覆花（包煎）9g，代赭石（先煎）18g，姜半夏6g，化橘红6g，炒白芥子6g，北细辛1.5g，薤白头6g，白茯苓12g，炙苏子9g，沉香粉（吞）3g。3剂。

11月5日二诊：气喘得减，已能平卧，嗽痰不利，胸闷不舒，苔脉如前，治守上法出入。原方去麻黄、茯苓、沉香，加陈橼皮9g，炙款冬9g，炙枇杷叶6g。3剂。

11月8日三诊：咳嗽已减，出痰亦爽，动则作喘，心悸仍作，肢面浮肿未退，神倦乏力。舌质淡白，脉沉细。治以真武汤化裁为法。

处方：淡附片（先煎）4.5g，北细辛1.5g，川桂枝6g，代赭石（先煎）18g，化橘红6g，生姜皮3g，真坎炁1条，炒白术9g，杏仁（杵）9g，白茯苓12g，旋覆梗9g，炙甘草3g。5剂。

按：患者咳喘有根，入冬受寒，痰浊阻肺，外寒引动痰饮，肺气失于宣降，气逆不得平卧。初用小青龙汤合旋覆代赭汤出入，以达温化平喘之旨。服药后痰饮渐消，然因年高心肾阳虚，动则作喘，心悸浮肿，故用真武汤加减温肾纳气化饮以缓其症。

3. 清化法

肺脏状如华盖，居他脏之上。热为阳邪，其性上炎，最易犯肺。故而，《温热论》说："温邪上受，首先犯肺。"蒋老认为：热邪壅肺，宣降之失常，关键在于肺失清肃下降，气逆而上则出现喘咳痰壅，属热盛气逆之病证。余如热伤肺络，迫血妄行，可见咯血、鼻衄；甚而热毒壅肺，蓄热蕴痰，热壅血瘀，变生肺痈。《素问·脏气法时论》说："肺苦气上逆，急食苦以泻之。"用黄芩清其肺热，杏仁降其肺气，葶苈泻肺利痰，或采用麻杏石甘汤加味清热化痰，泻肺平喘，千金苇茎汤加味清解化痰，消痈散结。

富某，男，43岁，1991年10月4日初诊。咳嗽反复1个月，痰中带血1周。病起感冒发热，经治热退，然咳嗽月余不已，痰少而黏，1周前发现痰中夹有鲜红血丝，昨日又见鼻衄。胸膺隐痛，面部潮红。舌质红，苔黄而腻，脉细滑数。治以清热养阴，化痰和络。

处方：南北沙参各10g，天麦冬各10g，竹沥半夏9g，炒黄芩6g，黛蛤散（包煎）15g，浙贝9g，化橘红6g，丝瓜络6g，杏仁（杵）9g，白茅根12g，炒瓜蒌皮9g，薤白头12g，丹皮9g，地骨皮9g。7剂。

10月11日二诊：咯血、鼻衄已止，咳嗽次数减少，胸痛潮红稍缓，苔薄腻，脉细滑。治续原旨继进，上方去白茅根、丹皮，加郁金9g，佛耳草9g，7剂。后告诸症已痊。

按：该患感冒之后，热恋犯肺，肺气不利，是以咳嗽胸痛；痰热生火，灼伤肺络，而见咯血、鼻衄；邪热伤阴，虚热上炎，则见面部潮红。故而，痰热蕴肺，阴伤络损同存。治则清化为主，兼以养阴生津和络安血。痰热渐清，阴津得复，而肺络始宁，咯血自止。

4. 润化法

肺在天为燥，在地为金，燥金之气，内应于肺。外感凉燥、温燥之气，必在肺卫为病；阴津不足，内伤生燥，燥胜则干，或热壅于肺，耗伤阴津，每致肺燥阴伤，气失清肃，干咳气逆。肺有燥热，津液不布，肺失濡润，日渐肺叶枯萎。而久病体弱，肺阴渐亏，痨虫侵染，日久遂成肺痨。蒋老认为，外感燥热之邪，缘自阴津内已亏乏，故凡外燥内燥之治，法宜润化。方用麦门冬汤为基，以人参麦冬益气生津；甘草、粳米甘缓补中；一味半夏下逆气，化浊沫，以辛燥之品，反佐润燥之力，更显化浊之功。近人谢观云："宜用半夏少许，入清凉生津药中投之，借半夏之燥力驱其浊沫，而清凉之药力，始能达于润肺体，此妙用也。”可谓句句中的，要言不烦。

黄某，女，59岁，1992年7月7日初诊。病自2月始，神倦易疲，午后常有低热，咳嗽阵作，入夜时有盗汗，小便频数。经检查，诊断为“右上肺浸润型结核，右肾结核可能”。曾住院治疗1个月，运用抗结核药物后，因肝功能损害而被迫停止。遂转请蒋老诊治。该患者两颧潮红，五心烦热，午后发热，T：37.8℃，干咳痰少，黏稠难以咳出，咽喉干燥，倦怠乏力，小溲清长，夜尿频多，胃纳不思，舌质红而胖嫩，边有齿印，苔薄白，脉细数。治以养阴益气，润肺化痰。

处方：北沙参10g，天麦冬各10g，制百部10g，野百合10g，生黄芪15g，竹沥半夏9g，川贝母3g，化橘红6g，旋覆梗10g，地骨皮12g，炙桑白皮9g，怀山药15g，郁金9g，生谷芽15g。10剂。

按：该患属中医学之“肺痨”。《丹溪心法·痨瘵》言：“痨瘵主乎阴虚。”盖由痨虫蚀肺，以致肺阴不足，热伤肺络，肺失清肃，炼津为痰，则生干咳。肺虚不能输布津液，肾失资生之源，则病及于肾；阴损及阳，元气耗损，遂成气阴两虚，阴虚成劳统之于肺。故治本养阴益气，润肺化痰。守方加减，服药百余剂，咳嗽已止，潮热亦除，后经X线摄片复查，肺结核病灶已趋稳定。蒋老在治痰嗽喘咳之时，喜投橘红、香橼、薤白、旋覆花等理气之品，盖不治痰而治气，气顺则一身之津液亦随气而顺矣，可谓治痰妙谛。

三、肠道疾病，论治有五

蒋老故里，乃鱼米水乡，然则湿邪虫蛊害人最广，脾胃肠腑每被受累。蒋老临证经验丰富，诊治肠道疾病，颇具特色。

1. 便闭泄利，肠病主症

林某，女，49岁，1992年2月26日初诊。大便时结时溏3月有余，旬前右下腹痛转移至左侧，更衣干结，便血鲜红，迄今未已。前医诊为“慢性结肠炎”。舌苔白而厚腻，脉弦细。断为湿热蕴结，血络受伤而血从下溢，气机不畅而肠滞腑闭。治以清化湿热，通利肠腑。

处方：苍白术各6g，制川朴5g，蒲公英15g，炒黄柏9g，炒苡仁20g，炒椿根皮10g，川萆薢10g，藿佩兰各9g，槐米20g，黑地榆10g，制大黄9g，瓜蒌仁（杵）15g，炒枳壳6g。

服3剂后，大便畅通，便血亦止，腹痛顿失。

按： 肠道疾病，盖病发于下消化道，其病证甚广，属于中医学“泄泻”“痢疾”“便闭”“腹痛”“肠结”“肠痈”“积聚”“肠风”“脏毒”“疝气”“痔瘘”等范畴。蒋老认为：肠道病变虽多，证候亦杂，然大便为其门户所出，凡病必见其变。而大便异常，不外乎便闭、泄利二端。故临证必询其大便情况，以断病证之寒热虚实。《景岳全书·传忠录》曰：“后阴开大肠之门，其通与不通，结与不结，可察阴阳之虚实。”大肠传导失常，病证遂生。肠道津亏，大肠传导迟滞，而见便结、便闭；水停肠道，大肠传导太过，则见泄泻、痢疾。

大便或闭或泄，常为病家最感痛苦之症，而急需诊治之。肠道病之临床特点有痛、胀、吐、泄、闭等，而泄、闭为其关键。若通其闭，或治其泄，余症每多迎刃而解。蒋老临证善抓便闭、泄利之主症，获效甚捷。

2. 传化职司，化浊调气

张某，男，25岁，1991年10月19日初诊。年前因“小肠多发性海绵型淋巴管瘤”手术切除小肠120cm。绕脐疼痛时作，大便溏薄不畅。舌质淡胖，边有齿痕，苔白而腻，脉细。湿聚痰结为其标，气虚不运为其本。治以益气理肠，化浊行滞。

处方：炙黄芪20g，红藤15g，夏枯草10g，象贝9g，炒黄柏9g，藿木香各9g，生苡仁30g，丹参15g，制香附9g，延胡索9g，炒枳壳6g，生山楂15g，车前草10g，白茯苓15g。

调治2个月，诸症缓解。

按：《素问·灵兰秘典论》曰：“大肠者，传道之官，变化出焉。小肠者，受盛之官，化物出焉。”肠道传化水谷，不断受纳、消化、传导、排泄。肠道之病因病理，有虚有实。虚则阳气不足而失温运，阴津亏虚而失濡润；实则湿停、热结、气郁、血瘀、食滞、虫积等是。蒋老认为：肠道之功能，以气为用，病多气分见累。肠道职行传导化物，虚实更替，宜通行而不宜郁滞，其病重于实而略于虚。而实者，浊滞二字可以概之。凡湿、热、瘀、食、虫等污浊之邪阻滞肠道，传化之职失司，而变生诸疾。其中又以湿浊为基，而善夹杂，诸如湿阻气滞、湿蕴生热、湿聚血瘀、湿食互结、湿热生虫之类。故湿浊为病恒多，是谓要领。

恢复肠道传化之职，蒋老主张从化浊调气入手。化浊者，祛除肠道之病邪。调气者，恢复传化之功能。可谓提纲挈领，执简驭繁。

3. 腑病治脏，下病求上

项某，男，62岁，1991年11月8日初诊。邪自上受，复又饮食不节，恶寒身热，骨节疼痛，腹痛泄利，日10余次，泻下臭秽不畅。舌苔腻，脉浮滑而数。外邪犯肺，热迫大肠，传化失职使然。治以疏解运滞。

处方：荆芥9g，防风6g，葛根15g，藿木香各9g，羌活9g，苏梗9g，炒黄芩9g，焦山楂15g，制川朴6g，谷麦芽各15g，花槟榔9g，炒枳壳6g。

上方服5剂而愈。

按：大便之排泄，虽由肠道直接主司，然与脾胃之腐熟运化、肝之疏泄、命门之温煦等有密切关系。而肺与大肠相表里，肺气肃降则大肠传导如常，粪便排出通畅。其中，大便异常，肺脾两脏尤为紧要。大凡泄泻责之于脾，诚如《景岳全书·泄泻》所言："泄泻之本，无不由于脾胃。"便秘之治，多从上焦之肺相求。《临证指南医案》载叶氏治便闭，"但升降上焦肺气，上窍开泄，下窍自通矣"。蒋老谓非独便秘责肺，泄利亦可从上求治。《伤寒论》已开先河，如葛根黄芩黄连汤即为肺热下移大肠，协热下利之证而立，后世复有"逆流挽舟"之法。其腑病治脏，下病求上之典范，实可取法。

4. 通调腑气，欲攻先补

张某，男，15岁，1992年1月17日初诊。3年前因急性阑尾炎行阑尾切除术。术后不久，右下腹时作疼痛，饮食稍有不慎，则腹痛加剧，泛恶作吐，大便不通。每次发作即需住院治疗，诊为"肠粘连""不完全性肠梗阻"。痛苦不堪，遂致不敢进食，唯食流质或半流质度日。诊查：面色㿠白，神疲乏力，小腹疼痛发胀，恶心欲呕，大便不畅艰出。舌苔薄白而腻，脉沉细弦。治以补肾化浊，润肠通腑。

处方：制大黄5g，甜苁蓉6g，制首乌9g，青木香6g，炒枳壳6g，制香附9g，台乌药9g，路路通9g，桃仁（杵）6g，薏苡仁20g，炙鸡金9g，淮小麦20g，紫地丁12g，炒黄柏6g，生甘草6g。7剂。

1月24日二诊：小腹疼痛发胀稍有改善，恶心已除，大便已解。舌苔薄白，脉象细弦。原方去紫地丁、甘草，加酒延胡索9g，蒲公英15g，14剂。

2月21日三诊：腹痛已止，腹胀未平，饮入普食，疼痛未作，大便畅通，面色转红润，体力亦渐增。苔薄白，脉细弦。治依原法以善其后。嘱上方继服7剂。

按：《素问·五脏别论》云："六腑者，传化物而不藏，故实而不能满也。”肠道传化水谷之器，以通为用，为降为顺。盖病肠道闭结，总以通调腑气为要，急以攻下通腑，以通为补。蒋老积其数十年之临证经验，提出临床宜峻下猛攻之纯实证，时或有见，然病程延久，虚实夹杂，或虚多实少，为数尤多，而非一时峻下图快而能收其功。当需视其正气之亏虚，欲攻先补，攻补兼施，缓下疏通。

本案出现痛、胀、吐、闭之四大症，与中医学所言之“关格”颇为相似。就四大症状分析，以闭为主要矛盾，故治疗应着重疏通肠道，一旦便通气畅，则痛、胀、吐三症自然缓解消失，因而以通里攻下为治疗之基本法则。然该患病已经年，正气耗伤，且饮食难入，气血生化乏源，实中夹虚，故治宜攻补兼施。肾主二便，补虚从温肾入手，选用苁蓉与首乌，既能补肾，助通腑之力，又能润肠，增行舟之液。合以大黄轻用，缓缓润下，更佐理气化瘀之品，以去其痞结，疏通肠道，故能收效应验。

5. 约束门户，欲固先行

虞某，男，54岁，1992年3月4日初诊。2年前因直肠息肉恶变而行“左半结肠切除术”及“人造肛瘘术”。迄今大便泄泻，每日十数行，粪质稀薄，时如水状，腹部坠胀，偶感隐痛，胃纳不思，神倦乏力。舌质偏淡，苔白，脉沉细。脾气下陷为本，浊滞肠道为标。治以化浊行气，调和肠胃。

处方：苍白术各6g，炒苡仁20g，红藤15g，藿木香各9g，川连3g，制川朴5g，炒枳壳6g，败酱草15g，丹参15g，潞党参15g，白茯苓15g，车前草10g，谷麦芽各15g。7剂。

3月11日二诊：腹泻次减，日便7～8次，腹痛已止，坠胀仍然，苔脉如前。治以补中益气汤加乌梅9g，煨诃子9g，石榴皮9g。服7剂后，泻次渐少，腹胀减轻。继宗原旨，守方连服1个月，大便恢复正常。

按：病久必虚，肠道失约，门户不固，每致久泻久利，滑脱不禁。《类经·疾病类》云：“幽门、阑门、魄门皆食廪之门户。门户不能固，则肠胃不能藏，所以泄利不禁，脾脏之失守也。”大便不禁，固当补脾益气，厚肠固摄，约束门户。然肠腑传导糟粕，本宜通用，且久病正气受伤，邪已内陷，一加补药，便与邪结，一经固药，闭门延寇。故而，蒋老诊治，倡言先行化浊去邪，邪浊既去，补之有益，约而能固，有若漆物使然。如治验久泻案例，颇有启迪之处。

《灵枢·口问》曰："中气不足，溲便为之变。"脾气下陷，升举固摄无权，故脘腹重坠，便次频数。本患中气所当急固，然又虑其湿浊瘀滞未尽，欲速而不达，故先行化湿祛瘀去其浊，而免补摄恋浊之虞。待瘀化浊去，则以补中益气，敛肠固涩而收其全功。从中足见蒋老临证如临场，用药如用兵，立法疏方，井然有序。

第二节 异病同治圆其机

中医临证，乃其理论体系科学性与实际运用艺术性两者之有机结合。"智欲圆"者，意寓其中。俗云"知常达变""圆机活法"，可谓"智欲圆"之具体运用。

张仲景为一代医圣，其创立辨证论治，开后世理法方药之先河。其方其药，配伍精当，法度严谨，相传沿用，力宏效捷，故后世称之为医方之鼻祖。蒋老认为：经方据其理法而立，亦即从辨证论治而成。就其理法方药而言，依次为说理、立法、遣方、用药；而就其辨证论治而言，相继为辨证求因、审因论治、依法立方、据方用药。故能否灵活运用经方，辨证论治，固为首务。无论以六经辨伤寒，还是以脏腑论杂病，仲师或以辨病为主，或以辨证为先，无不反复诲人以病与证相结合之辨证方法，达到确切掌握其脏腑经络病机之所在。

《伤寒论》说："但见一证便是，不必悉具。"蒋老深得仲师旨意，认为临床病变要具备经方所有之主症并不常见，证候变化多端，各有侧重，因而抓住1～2个主症，审证求因，揭示病机。若病机相符，则不必墨守成规，希求全症，或可异病同治，使经方的应用范围更为扩大。蒋老活用经方，颇具心得。兹以旋覆代赭汤为例详述之。

旋覆代赭汤，仲师原本为治疗嗳气所制。《伤寒论》言："伤寒发汗，若吐、若下，解后，心下痞硬，噫气不除者，旋覆代赭汤主之。"其方由旋覆花、代赭石、生姜、半夏、人参、甘草、大枣等组成，具有和胃化痰，重镇降逆之效。蒋老认为：旋覆代赭汤之治疗范围甚广，非限嗳气一端，其方证之病机为胃虚肝乘，痰浊内阻，气机上逆。胃气虚弱，则肝木相乘，中焦失司，水谷不运而变生痰饮。痰阻气滞，升降失常则逆而向上。肺气上逆则见咳嗽喘息；胃气上逆则生呃逆、嗳气、恶心、呕吐；肝气上逆可见头痛、眩晕；血随气逆上涌可致咯血、呕血；而中焦气机郁滞，胃脘疼痛遂生；痰阻气滞血瘀，胸痹心悸是作。本方和胃化痰降逆，诸疾可疗。

本方以旋覆代赭命名，说明两药为主药，不可或缺。日本人山田正珍《伤寒论集成》曰："凡论中揭一物，以名于方者，皆一方主将，犹天之有日，国之有君，不可一日无者也。"旋覆花质轻性温，祛痰平喘软痞，轻可去实，诸花皆升，旋覆独降。代赭石质重性寒，具有止呕、平喘、止血、平肝潜阳、重镇降逆等作用。两者一轻一重，一温一寒，相制互济为用。而生姜、半夏和胃化痰；人参、甘草、大枣和脾养胃，安定中焦，随证或可损益变通。蒋老临证常以本方加减治疗呕吐、嗳气、恶心、呃逆、胃脘痛、厌食、眩晕、咳喘、咯血、胸痹、心悸等病证，盖方证机相合，而获异病同治之功。

1. 呕吐案

王某，男，63岁，1991年6月7日初诊。呕吐伴腹胀1月余。去年12月因"胆总管结石""十二指肠憩室"，分别行内镜取石及胃大部切除术。近日来，脘宇胀闷不适，肠鸣时作，嗳气频频，饮食量少，食入须臾即吐，大便稍溏，苔薄白而腻，脉濡细。治以和胃降逆止呕。

处方：旋覆花（包煎）10g，代赭石（先煎）20g，姜半夏9g，蔻砂仁（后下）各5g，青陈皮各6g，制香附9g，炒枳壳6g，炒苡仁20g，白茯苓15g。

6月12日二诊：服药5剂，呕吐已止，嗳气亦平，腹胀稍减，纳谷不馨，苔薄白，脉细。治崇原法，调治1个月，诸症遂愈。

按：《景岳全书·呕吐》言："凡呕家虚实，皆以胃气为言。使果胃强，脾健，则凡遇食饮必皆运化，何至呕吐？"胃主受纳腐熟，其气主降。该患术后，胃伤失和，水谷不化，湿聚胃中，气逆于上，则生呕吐。胃虚湿阻，气滞上逆，虚实夹杂。蒋老辨析，食入即吐，标急为要，投旋覆代赭汤去参、草、枣、姜化湿降逆止呕为先，加青陈皮、香附、枳壳、砂仁理气和胃；蔻仁、苡仁、茯苓化湿调中，湿化气降胃和，而呕吐自止。

2. 呃逆案

阙某，男，27岁，1992年3月13日初诊。呃逆反复而作5月余。去年10月间练习气功时，忽被他人敲打肩背而受惊，遂生呃逆，胸闷心烦，腹部胀满，时有鸣响，大便稀溏，入夜艰寐多梦，苔薄白，脉弦细。治以疏肝健脾，和胃宁心，降逆止呃。

处方：旋覆花（包煎）10g，代赭石（先煎）20g，姜半夏9g，郁金9g，川朴6g，制香附9g，绿萼梅6g，淮小麦30g，夜交藤30g，北五味6g，白茯苓15g，炙甘草6g。

3月27日二诊：服药14剂，呃逆未作，情绪稳定，大便转实，腹胀亦轻，原方继进10剂。

按：呃逆总由胃气上逆动膈而成，该患练功受惊走偏，气机逆乱，肝、心、脾胃等脏腑失调。肝郁逆乘脾胃，胃气上冲故呃逆，脾气不运故便溏。肝郁失于条达，心神失于安宁，则心烦寐劣。方中旋覆花、代赭石、半夏降肝胃之逆气；香附、郁金、绿萼梅、茯苓、川朴、甘草等疏肝理气，健脾和胃；淮小麦、夜交藤、五味等宁心安神。脏腑气机调畅，胃气复得和降。

3. 胃脘痛案

马某，女，69岁，1991年9月7日初诊。胃脘胀痛半个月不已，得嗳气或矢气稍减，急躁易怒，食欲不振，大便干结不畅，苔薄黄，脉弦。治以理气和胃止痛。

处方：旋覆梗10g，代赭石（先煎）20g，郁金9g，蒲公英15g，制香附9g，炒川楝子9g，延胡索9g，炙鸡金9g，全瓜蒌（杵）15g，炒枳壳6g。7剂。

9月14日二诊：脘痛已止，食欲渐增，苔薄脉弦，治崇原旨，上方去川楝、延胡索，加绿萼梅6g，佛手片6g。7剂。

按：本案胃脘胀痛，缘由精神刺激，情志不遂，气郁伤肝，横逆犯胃，胃气阻滞，而生疼痛。肝郁化火，气滞血瘀，不通则痛，为其病机要点。故立法疏肝理气，清热和胃。蒋老以为，旋覆以梗易花，疏肝理气效尤佳。代赭石平肝清热，宣通郁结。故对肝胃不和、气郁热结之胃脘疼痛，每多选用。

4. 厌食案

姚某，男，66岁，1991年5月22日初诊。厌食反复10余年，加重2年余。曾于1964年行胃大部切除术。10年前，厌恶饮食，食量减少，入夏则显，至秋稍轻。去年始长年不思饮食，每餐至多半两。时吐痰涎，不欲饮水，饮则腹胀，恶心泛呕，食入甘味，每见汗出，形瘦便溏，苔白腻，脉沉细弦。治以和胃化浊。

处方：旋覆花（包煎）10g，代赭石（先煎）20g，姜半夏9g，制川朴5g，藿佩兰各9g，蔻砂仁（后下）各3g，佛手片6g，绿萼梅6g，炒苡仁20g，炙鸡金9g，炒谷麦芽各15g。7剂。

5月29日二诊：泛呕已平，腹胀减轻，饮食稍有滋味，苔仍白腻，脉沉细，治仍上法。原方去绿萼梅，加炒白术9g。7剂。

6月5日三诊：诸症均有改善，食欲渐旺，每餐食50～100g，苔白，脉沉细。治以益气和胃化浊。

处方：旋覆花（包煎）10g，代赭石（先煎）20g，姜半夏9g，西党参12g，炒白术9g，白茯苓15g，炒苡仁20g，藿佩兰各9g，广木香6g，佛手片6g，炙鸡金9g，炒谷麦芽各15g。7剂。

按：纳食主胃，运化主脾。胃腑失和，纳谷失职，厌恶饮食，虽责之胃，然脾胃相表里，脾喜燥恶湿，脾湿过盛，胃气受阻，纳食不馨。疏方初则和胃化浊为主，待湿浊痰饮之标渐除，脾胃气虚之本则显，终以益气和胃收其功。

5. 眩晕案

沈某，女，67岁，1991年11月18日初诊。眩晕耳鸣反复20余年，加重1个月。头昏而晕，前额牵及两侧太阳穴作胀，视物昏花，喉痰不已，纳呆神疲，两足乏力。血压180/108mmHg。苔薄白腻，脉弦。治以平肝潜阳，和胃化浊。

处方：旋覆梗12g，代赭石（先煎）20g，甘菊9g，枸杞子12g，女贞子15g，旱莲草12g，石决明（先煎）20g，明天麻9g，槐米20g，姜半夏9g，川朴花6g，怀牛膝10g。7剂。

11月25日二诊：头昏已减，喉痰未已，体力渐增。血压145/85mmHg。苔薄白腻，脉弦细。上方加生白芍12g，7剂。后告血压稳定。

按：眩晕病机，《素问·至真要大论》首言：“诸风掉眩，皆属于肝。”河间提出“风阳化火”说；丹溪主张“无痰不作眩”；景岳倡言“无虚不作眩”。蒋老认为，综合各说，证之临床，肝、痰、风、火、虚诸因常兼而有之，而旋覆代赭汤之主治，病机与之贴近。肝之病，有肝阳、风、火、郁等之别；虚之证，有气虚、精亏、血少、肾衰等之异。临床须据证加减施治。该患肝肾阴虚，阳亢化风，又兼痰浊，故平肝化浊并进，二诊调治，症情稳妥。

6. 咳嗽案

康某，女，38岁，1992年1月3日初诊。咳嗽气逆伴咽喉疼痛1月余。病起食桂圆后，自感咽喉灼热疼痛，咽红作痒，咳嗽气逆，痰少而稠，时有烘热，夜寐不安。曾服食参类温补，亦见此象。舌质微红，苔薄白，脉细稍数。治以养阴肃肺，清热化痰。

处方：旋覆花（包煎）10g，代赭石（先煎）20g，南北沙参各10g，天麦冬各9g，竹沥半夏9g，杏仁（杵）9g，炒黄芩6g，浙贝母9g，木蝴蝶6g，佛耳草9g，陈橼皮9g，生甘草6g。

治守原法，三诊服药15剂，咳逆告平。

按：本案肺阴素虚，食甘温滋腻而助内火，蕴湿成痰。痰火上结，咽喉红肿；肺失清肃，咳嗽气逆；阴津亏损，烘热内生。旋覆代赭加清润之品，可达养阴清肺，化痰降逆之旨。痰热去，阴津复，清肃之令行，咳逆之症除。

7. 咯血案

包某，男，41岁，1992年2月21日初诊。咳嗽反复3月伴咯血2次。素体虚弱，易感咳嗽，痰多色白，胸闷且痛。去年11月5日痰中带血，经治而止。半个月前又见痰血，时或咯出纯血，其色鲜红。面白少华，形寒肢冷，体倦易疲。胸部X线摄片提示为“两下支气管病变”。苔薄腻，脉细。治以益气固表，化痰和络。

处方：旋覆花（包煎）10g，代赭石（先煎）20g，西党参15g，炙黄芪15g，法半夏9g，杏仁（杵）9g，白茅根15g，侧柏叶9g，仙鹤草15g，炙款冬9g，炙紫菀9g，陈橼皮9g，炙甘草6g。7剂。

2月28日二诊：药后痰少血止，胸闷隐痛减轻，原方稍作增损，调治2个月而愈。

按：本患肺脾气虚，痰浊内阻，痰阻肺络受损，气虚血失统摄，故见咯血。旋覆花为化痰下气之要药，代赭石乃降逆止血之佳品，增补气摄血，化痰宁络之物，标本兼顾，脾气得复，血能归经，无溢于外；肺气得降，血随气行，无溢于上。

8. 胸痹案

金某，男，56岁，1992年3月18日初诊。心胸憋闷疼痛反复而作约半年。诊为“冠心病”。疼痛作时，牵及咽喉胀滞不舒，偶感心悸。苔白腻，脉沉弦。治以理气化痰，宽胸通痹。

处方：旋覆梗10g，代赭石（先煎）20g，瓜蒌壳9g，薤白头10g，姜半夏9g，制川朴6g，木蝴蝶5g，绿萼梅6g，郁金9g，丹参15g，延胡索9g，降香（后下）6g。7剂。

3月25日二诊：心痛未作，胸闷仍然，苔薄白腻，脉细弦，原方去延胡索，加川芎9g，7剂。

4月1日三诊：胸膺霍然，心悸亦平，守方7剂，以善其后。

按：胸痹，胸中阳微不运，久则阴乘阳位而为痹结。心胸清旷之区，阳气不振而受阴邪之击，心脉为邪痹阻不通。所谓阴邪，以痰饮、瘀血为多见。旋覆花能消胸上痰结，代赭石善镇逆气，降痰涎，通痹结，合瓜蒌薤白通阳散结，行气祛痰，加半夏、川朴、木蝴蝶化痰行气，郁金、延胡索、丹参、降香活血化瘀。痰瘀得化，胸痹始通。总之，蒋老认为旋覆代赭汤既适用于外感病，更广泛应用于内伤证。本方证属里虚夹实，累及脾胃、肝、肺、心等脏，初在胃肝，后及肺心。临证凡具胃虚痰阻气逆者，便可选而用之，而随证加减，更有进退从容之感。可见，经方活用，获益匪浅。

第三节　调和脾胃治杂病

蒋老从医60年来，潜心钻研医术，不仅继承了陈氏、徐氏名门之精华，又汲取各家之长，精勤不倦，学验俱丰，从而形成了独特的学术思想。临床精于内科，兼及妇儿，对于脾胃病证、肺经疾患的辨证论治尤为见长。其学术观点重视气机郁滞，浊邪内阻则病生，临证施治主张和调理气，疏通达邪而法验。

蒋文照教授对脾胃学说潜心研究，合众多医家之长于一身，师古而不泥古，在调治脾胃方面有独到之处。

一、和脾胃，重在调补

蒋老认为脾胃病不论虚实寒热，脾胃虚弱、内有郁滞是其基本病机，治疗上应补其虚、祛其湿、调其气，脾健则不受邪，湿祛则脾气运，气行则诸邪消，使得脾胃之气充足和调，健运而不壅滞，升降适宜，纳化有度，气血得以化生，元气得以滋养，正气内存而邪无所受。

1. 补其虚

脾胃为后天之本、气血津液化生之源，五脏六腑、四肢百骸、五官九窍、十二经脉等皆依赖脾胃而得以滋养。李中梓《医宗必读》说：“胃气一绝，百药难施，一有此身，必资谷气。谷气入胃，洒陈于六腑而气至，和调于五脏而血生，而人资之以为生者也。故曰：后天之本在脾。”先天禀赋不足，劳倦过度，饮食不节，大病久病之后，均能使脾胃虚弱，由于脾胃虚弱，纳运失司，而化生食滞、湿阻、气滞和血瘀等实邪，故蒋老常用黄芪、党参、太子参、白术等以健旺脾气，脾健则不受邪。

2. 祛其湿

脾喜燥而恶湿，脾虚可以生湿，湿胜可以困脾，正如《临证指南医案》所说：“湿喜归脾者，以其同气相感故也。”湿困脾胃多用化湿法，包括芳香化湿，苦温燥湿和淡渗利湿，善用藿香、佩兰、半夏、厚朴、车前草、白茯苓、川萆薢等，有化热表现常加用黄芩、蒲公英等。

3. 调其气

脾胃居于中焦，为全身气机升降之枢纽，脾宜升则健，胃宜降则和，升降有序，则气机条畅。如外感或内伤损及脾胃，升降失常，气机壅滞，则水反为湿，谷反为滞，形成气滞、血瘀、湿阻、食积、痰结、火郁等相因为患，用木香、砂仁、枳壳等理其壅滞，则升降有常，纳运有度，使诸邪实无所生。

二、理中州，不忘疏肝

肝主疏泄，性喜升发条达，调畅气机。人体的气机升降出入，莫不赖于肝气之疏泄功能。肝气疏，则气机畅；肝气结，则气机塞。脾胃乃升降之枢纽，脾胃气机升降则有赖肝气疏泄条达，正如《素问•宝命全形论》中云“土得木而达”。因此，脾胃与肝的关系至为密切，木土之气本相通，一荣俱荣，一伤俱伤，在生理上相互为用，在病理上相互影响。若肝失疏泄，木气郁结，则脾气不升，胃气不降而壅滞为病；或肝木疏泄太过，横逆而犯，脾胃受戕；或脾胃虚弱，肝木乘之，升降失常。肝木疏泄太过，则脾胃因之而气虚，或肝气郁结太甚，则脾胃因之气滞，皆肝木乘克脾土。在蒋老的脾胃学术思想中，十分注重疏肝气以调脾胃之气机，肝气疏则脾胃气机畅，故临证中，他在调脾胃气机升降的同时，也十分注重调肝，药用柴胡、香附、佛手、香橼、郁金等以疏肝理气，安抚风木，不敢犯土，使肝脾调和，则脾胃升降相宜，出入有序。

三、疗杂病，必护胃气

《灵枢·五味》曰："五脏六腑皆禀气于胃。"人以胃气为本。蒋老认为，所谓"胃气"，即脾胃之消化吸收机能，脾胃为气血生化之源、后天之本。因而，胃气在一定程度上代表了机体的抗病能力，可见胃气在人体中具有特殊的重要作用。《景岳全书·脾胃》曰："正以人之胃气，即土气也。万物无土皆不可，故土居五行之中，而旺于四季，即此义也。由此推之，则凡胃气之关于人者，无所不至，即脏腑、声色、脉候、形体，无不皆有胃气，胃气若失，便是凶候。"可谓要言不烦。故凡阴阳气血诸虚之病，皆刻刻以保护胃气为急，补养脾气为先。临床上历代（尤其是宋金元以来)不少名家皆注重扶护胃气，对不少疾病都从脾胃论治，如张景岳就强调："脾胃有病，自宜治脾胃。然脾为土脏，灌溉四旁，是以五脏中皆有脾气，而脾胃中亦皆有五脏之气，此其互为相使，有可分而不可分者在焉。故善治脾胃者，能调五脏，即所以治脾胃也。"蒋老临证治疗杂病，每必本于脾胃，时时不忘扶护胃气，先调补脾胃，助化气血，然后寻求病因，对症下药。其扶护胃气之法有化、理、调、和、养、补之不同，非限补益之一端。如藿香、佩兰、蔻仁、鸡内金、谷麦芽等化湿消积，谓之化；白术、枳壳、薏苡仁、茯苓等疏理脾胃，谓之理；木香、香附、佛手、郁金、延胡索、砂仁等调畅气血，谓之调；半夏与黄芩、吴茱萸与黄连等寒温并用，苦辛同施，有热去热，有寒去寒，中焦气和，谓之和；沙参、麦冬、石斛、玉竹等滋养胃阴，谓之养；党参、黄芪等补脾土，谓之补。由此则胃气有权，脏损而易复，且祛邪有力，故而庶可无恙。

四、善用药，轻灵见长

病者常以脾胃纳运之状况而表现出病情深浅进退之异。临证处方用药，药不在多而贵在约，只有不违法度，轻药味淡，重投不猛，脾胃方可吸收转运生效。若脾胃消化饮食不佳，何以接纳药物发挥其效能？纵有神医良药，亦不足以治疾奏效。蒋老临证用药轻灵平淡，意在顺应脾胃特性。方药虽轻灵平淡，然脾胃气和，中土健运，化源不竭，而能于平淡之中见神奇，轻灵之中收其功。例如，补益药应适当配伍理气之品，以防滋腻厚味滞胃碍脾，使之补而不滞，润而不腻。选用理气药遵叶氏"忌刚用柔"之旨，勿过辛香温燥，伤及胃阴，以佛手、绿梅花、玫瑰花等理气不伤阴之品。脾为阴脏，喜暖而恶寒，喜燥而恶湿，故清热不宜过用苦寒，以防损伤生生之阳；健脾宜党参、太子参、白术、薏苡仁、山药、扁豆等甘平微温之品，以健运中气。胃为阳腑，喜凉而恶热，喜润而恶燥，故温里应温而不燥，用量宜轻，且用时不宜过长，以防燥热损伤胃阴；益胃贵在柔润养阴而不腻，以南北沙参、石斛、麦冬、玉竹、甘草或加白芍、乌梅等酸味之品，酸甘合化。总之，处方用药以轻灵平淡为要，药性宜平，药味宜薄，慎用重浊厚味、刚劲强烈之属，力求所选用药物既能发挥治疾疗病之效，而又无留邪伤正之弊。

五、倡和法，综合调治

蒋老临证擅用和法，和法的记载，始见于《黄帝内经》。《素问·生气通天论》说："凡阴阳之要，阳密乃固，两者不和，若春无秋，若冬无夏，因而和之，是谓圣度。"此"和"乃指调和阴阳，意义较广。汉代张仲景《伤寒论》用桂枝汤调和营卫是《黄帝内经》调和阴阳理论的一种体现。《伤寒论》言和，有小承气汤缓和通腑以治津伤便结，不便峻泻者。如第252条说："太阳病，若吐，若下，若发汗后，微烦，大便因硬者，与小承气汤和之愈。"第213条说："……可与小承气汤微和胃气，勿令大泄下。"以及小柴胡汤和解表里以治少阳半表半里证。成无己《注解伤寒论》中说："太阳转入少阳……邪在半表半里之间……与小柴胡汤以和解之。"后世论和，一般多限于和解少阳的专剂小柴胡汤，使和法运用范围局限一端。

六、病案举例

1. 失眠案

徐某，女，37岁，1980年8月29日初诊。艰寐已有3年，头昏而晕，胸闷腹满，神倦乏力，口苦纳少，近来失眠加剧，心烦不宁，难以入寐，寐则恶梦纷纭。舌苔黄白厚腻，舌质边红，脉象细滑而数。治以和胃化浊以宁心神。

处方：制川朴6g，蔻砂仁（后下）各3g，广藿香9g，佩兰叶9g，法半夏9g，生苡仁20g，保和丸（包煎）20g，杏仁（杵）9g，炒黄芩6g，郁金9g，六一散（包煎）12g，夜交藤30g，白茯苓15g。

上方服用7剂，头昏寐劣已减，食欲稍增，苔退大半，去黄芩、杏仁，加炒枣仁（杵）10g，鸡子黄2枚，继服7剂，诸症均失，食欲、睡眠得以如常。

按：失眠病因，正如张介宾所云："一由邪气之扰，一由营气不足。"所谓邪气之扰，多缘饮食积滞，或痰火，或湿热内阻。本案中焦湿热，酝酿成痰，扰乱心神。《素问·逆调论》所谓"胃不和则卧不安"盖此类也。治以化、理、调、和并施，化痰浊而和胃腑。证虽属邪实，然处方用药避免苦寒泻浊，不致有损胃气，用心可谓良苦。

2. 晨泄案

万某，女，60岁，1993年1月5日初诊。腹泻反复半年余，更衣常溏，近来每日早晨天明时分即腹痛泄泻，腹中不和，舌质淡胖，苔薄白而润，脉弦细。乃脾失健运，肠胃两虚使然。治以益气健脾，调和肠胃。

处方：炙黄芪15g，炒白术9g，沉香曲（包煎）10g，炒枳壳6g，煨木香9g，砂仁（后下）5g，诃子肉9g，乌梅9g，大腹皮9g，川连5g，佛手片6g，炒薏苡仁20g，炙鸡金9g，蒲公英15g，白茯苓15g。7剂。

1月12日二诊：腹痛减轻，更衣转实，舌脉如前，治仍上法。

处方：潞党参15g，炙黄芪15g，炒白术9g，煨木香9g，沉香曲（包煎）10g，炒枳壳6g，蔻砂仁（后下）各3g，诃子肉9g，乌梅9g，川连5g，怀山药15g，炙鸡金9g，大腹皮9g，炒薏苡仁20g，炒泽泻10g。7剂。

1月19日三诊：晨泄已止，更衣亦实。苔薄白，脉弦细，再以原法，上方稍作增损，巩固疗效。

按：晨泄，亦名五更泄、肾泄，通常认为此缘自肾阳虚衰，命火不足，不能温养脾胃之故。黎明之际，阳气未振，阴寒较盛，泄泻因时而作，临床常以"四神丸"温补肾阳，散寒涩肠为主治疗。而蒋老认为：脾主运化，胃主受纳，泄泻之本，无不由于脾胃。《医宗必读·泄泻》说："统而论之，脾土强者，自能胜湿，无湿则不泄。"治则本乎脾胃，然补气健脾，仍不忘调和胃气。药投木香、砂仁、佛手、枳壳、大腹皮等理气和胃，无补而滞中之虞。

第四节　擅用和法疗诸疾

蒋老认为，和法治疗强调综合调治，疏通气机，在恢复机体生理平衡方面有独到意义，因而不论是外感疾病，还是内伤杂证，其应用前景十分广泛。蒋老临证善用和法，粗略而计，和法方药十居七八。综观蒋老运用和法之方药，在组成结构上，具有以下四个特点：

其一，重视和解药之运用。所遣药物，每多质轻性平，作用缓和，无大寒大热，无峻补峻泻。通过缓和疏解，以和解表里，协调脏腑功能。

其二，相反药物协调组合。如辛热药与苦寒药同用，滋补药与温清药并施，用药相反相成，寒热并用，或补泻合璧，或苦辛分清，以缓和调理，制亢扶弱，协调阴阳，治疗脏腑不和，寒热夹杂，虚实并存之证候。

其三，巧用扶正补虚药物。柯琴《伤寒来苏集·伤寒附翼·太阳病方总论》说："预补其正气，使里气和，而外邪勿入。"如《伤寒论》桂枝汤中之芍、草、枣补养营阴；小柴胡汤中之参、枣扶助正气等，皆见其义。蒋老施补，喜用平补、清补、缓补等，补中有行；而化浊行气之时常佐参、芪以补气助运，诸如此类，足见蒋老用补之巧妙。

其四，配伍调气和血之品。血气者，乃人身之根本。疾病每见气血之失调，蒋老疏方用药每多配伍调和气血之品，然以调气为上，调血次之。调气者，调畅气机为先。调血者，行血和血为主。意在气血畅达调和，恢复脏腑功能。

总而言之，临床所见之疾病每多证候错综复杂，既非纯虚，又非纯实，既少纯寒，亦少纯热，常呈寒热错杂、虚实并见之状。和法疏通调和，使之归于平衡，诚如《景岳全书·古方八阵》所说："病有在虚实气血之间，补之不可，攻之又不可者，欲得其平，须从缓治，故方有和阵。"

案一：潘某，女，68岁，1992年2月11日初诊。胃脘疼痛不适2月余。20年前曾患"胃下垂"。2个月前与人争吵，情志不舒，自觉胃脘部胀滞不舒，时有隐约疼痛，嗳气频作，纳食不思，口中发苦，性情急躁。近日晨起时有恶心，嘈杂不舒，唯恐患"癌症"，情志抑郁。胃镜及组织病理检查提示：胃窦部黏膜慢性浅表性炎症。腹部B型超声波检查提示：右肝囊肿。面色萎黄，舌红而有裂纹，苔薄白，脉细弦。中医诊断：胃脘痛。证型：肝火犯胃证。西医诊断：慢性浅表性胃炎。辨证属素体虚弱，脾胃不足，故而面色萎黄。突因情志刺激，暴怒伤肝，肝失疏泄条达，性情急躁易怒，肝木横逆，克犯胃土，胃腑阻滞，故生疼痛。胃气失于和降，是以恶心嗳气。气郁化火，则口苦、舌红、苔黄。脉弦主肝病，痛症。治以疏肝清热，理气和胃。

处方：柴胡9g，广木香6g，砂仁（后下）5g，旋覆花（包煎）10g，炒香附9g，炒延胡索9g，炒川楝子9g，青陈皮各9g，佛手片6g，炒枳壳6g，蒲公英15g，炒黄芩6g，炒竹茹6g，白茯苓15g，玳玳花6g。7剂。

医嘱：消除“恐癌”顾虑，保持情绪乐观。

3月10日二诊：脘痛已减，嘈杂也平，嗳气未作，舌质淡红，苔白而腻，脉弦细。证属气滞湿阻，故治疗当以理气化湿和胃为法。

处方：丹参12g，制川朴6g，广木香6g，姜半夏9g，蔻砂仁（后下）各3g，炒黄芩6g，炒竹茹6g，炒延胡索10g，炒川楝子9g，佛手片6g，玳玳花6g，白茯苓15g，炒米仁15g，藿佩兰各9g。7剂。

随访：治守原法，脘痛告痊。

按：肝胃不和是慢性胃炎最基本的证型，而其中，肝火犯胃证又最为常见。本案初诊证属肝火犯胃，治当疏肝清热，理气和胃，方用柴胡疏肝散加减。方中香附、柴胡、青陈皮、川楝子、延胡索、佛手、代代花疏肝解郁，行气止痛。旋覆花、炒竹茹、砂仁等和中调气。蒲公英、黄芩清热和胃。综观全方，平正通活，不峻不猛，恰如其分，故病痊愈。

案二：何某，女，44岁，2005年12月6日初诊。反复胃脘部隐痛半年。半年前，患者外出打工，饥饱无常后即感胃脘部隐痛，于当地医院诊为“胆汁反流性胃炎”，服奥美拉唑肠溶胶囊、铝碳酸镁片等西药，脘痛稍有缓解，伴口苦口干，纳食减少，腰酸。此后每因精神紧张，饮食不调时而发作。舌红，苔薄白，脉弦细。中医诊断：胃脘痛。证型：肝胃郁热证。西医诊断：胆汁反流性胃炎。辨证属肝胃郁热，乘克中土，脾胃升降失常，气机失调，不通则痛，故发胃脘疼痛。治以清肝和胃。

处方：左金丸加味。川黄连3g，淡吴萸6g，制川朴9g，姜半夏10g，旋覆花（包煎）10g，炒竹茹15g，广木香6g，砂仁（后下）6g，制香附10g，炒延胡索15g，杜仲15g，制狗脊15g，炒枣仁（杵）15g，制黄精15g，炒薏苡仁20g，炒川断15g，白茯苓15g。14剂。

医嘱：忌食油腻、辛辣之品；保持精神愉快。

二诊：药后症减，乏力明显。舌红，苔薄白，脉弦细。经初诊治疗，肝胃渐调，故胃脘隐痛症平，口苦亦减，纳食增进。脾弱气虚，四肢肌肉无所主，故见乏力明显。再予清肝和胃，健脾安中。

处方：川黄连3g，淡吴萸6g，太子参20g，炙黄芪15g，制川朴9g，姜半夏10g，旋覆花（包煎）10g，炒竹茹15g，广木香6g，砂仁（后下）6g，制香附10g，炒延胡索15g，杜仲15g，制狗脊15g，制黄精15g，炒薏苡仁20g，炒川断15g，白茯苓15g。14剂。

随访：服上药14剂后，诸症告痊。

按：左金丸为清肝泻火之正剂，通常适用于肝经火热所致之实证。此方独用黄连为君，木气实而土不虚者，是为相宜。蒋老认为，该方以苦寒之黄连为主药，佐以辛热之吴萸，苦辛配伍，寒热并用，可谓和法运用之代表。通过组合他方，临证加减，应用广泛，非限实证。

第五章 学术成就

蒋老潜心钻研医术，不仅继承了陈氏、李氏、徐氏名门之精华，又汲取各家之长，精勤不倦，学验俱丰，从而形成了自己的学术思想。

第一节 崇尚中和理念

蒋老医术精湛，医德高尚，虽然师出名门，成绩斐然，但他待人处事以和为贵，信守和谐，一生追求和为圣度，无怪乎同事称其为谦和的学者，学生尊为随和的师长，患者奉为和蔼的医生。

《中庸》说："中也者，天下之大本也；和也者，天下之达道也。致中和，则天地位焉，万物育焉。"所谓中指的是平衡，是天下万事万物的根本，和指的是和谐，是天下共行的大道。蒋老常说，中和的道理推而广之，达到圆满境界，天地万物则能各安其所，各随其生。作为医者，更须顺应自然之理，保持人体自身及与自然、社会等的和谐。

作为蒋老的学生，我们一行专程前往蒋老的家乡，探访先生足迹，缅怀老师业绩。嘉善蒋村，水乡和美，惠风和畅，民风祥和，果其然，一方水土养一方人。村民对蒋老"大慈恻隐之心，普救含灵之苦"津津乐道。对于"和"，有了更深更多的感悟。

蒋老临证，善用和法取效。和法治疗强调综合调治，疏通气机，在恢复机体生理平衡方面，有独到意义，因而不论是外感疾病，还是内伤杂证，其应用前景十分广泛。临床所见之疾病每多证候错综复杂，既非纯虚，又非纯实，既少纯寒，亦少纯热，常呈寒热错杂，虚实并见之状。和法疏通调和，使之归于平衡。

案一：头痛案

岳某，男，34岁，2006年3月3日初诊。头部胀痛不舒3个月。3个月前，患者因劳累后头部胀痛不舒，伴夜寐多梦，更衣不实。之后，稍感疲劳，头痛即作，神疲乏力。舌淡红，苔薄白，脉细弦。中医诊断：头痛。证型：脾虚失运，清阳失升证。西医诊断：头痛待查。辨证属劳逸失度，脾失健运，清阳不升，清窍脉络失养，故见头胀头痛不舒。心神失养而不安，是以夜寐多梦。神疲乏力，更衣不实亦是脾虚失运之象。治以益气健脾，和中升清。

处方：炙黄芪15g，葛根15g，丹参15g，天麻10g，炒川芎10g，鸡血藤30g，郁金10g，广木香6g，砂仁（后下）6g，佛手片9g，炒薏苡仁20g，炒黄芩9g，诃子肉15g，浙贝母9g，炒枣仁（杵）15g，夜交藤30g，北五味10g，白茯苓15g。10剂。

医嘱：注意劳逸结合；忌食辛辣炸烤厚味之物。

二诊：前方服4剂后头胀头痛即平，自感头晕，夜寐多梦。舌淡红，苔薄白，脉细弦。头晕仍为清阳失升所致，余症未变，故思辨同前。原法尚合机宜，守法继进。

处方：明天麻10g，丹参20g，潞党参15g，葛根15g，炒川芎9g，鸡血藤15g，蔓荆子15g，郁金12g，广木香6g，砂仁（后下）6g，佛手片9g，诃子肉15g，石榴皮15g，浙贝母10g，炒枣仁（杵）15g，夜交藤30g，北五味子9g，炒薏苡仁20g，白茯苓15g。10剂。

随访：调治月余，头晕症消，夜寐转安，更衣亦常。

按：头痛之疾，缘由多端，风、火、痰、瘀、虚，种种不同。本案因劳累过度，脾失健运，清阳失升而致头痛头晕。法宜健脾补中，升阳益气，以治脾虚之本，另配伍祛头风之天麻、蔓荆子，活血之炒川芎、丹参、鸡血藤治其标，从而标本兼顾，相得益彰。蒋老在诊治头痛头晕过程中，常辨证与辨病相结合，在辨证基础上辨病，祛头风之天麻、蔓荆子，活血之川芎、丹参、鸡血藤是头痛头晕辨病论治中的常用药对，在临证中每获良效。

案二：眩晕案

周某，女，26岁，2005年5月17日初诊。反复眩晕1年余。1年来，患者常感头昏而晕，每在恼怒或过度疲劳之后发作。经头颅多普勒检查提示：椎底动脉供血不足。屡治无效，胁腹胀满不舒。舌淡红，苔薄白，脉弦细。中医诊断：眩晕。证型：肝气上逆证。西医诊断：头晕待查（椎底动脉供血不足）。辨证属头为诸阳之首，怒则气上，劳则阳升，肝气升潜失利，是以恼怒或过劳而发头晕。木郁横逆犯土，气机不畅，故见胁腹胀满。治以平肝降逆，理气和中。

处方：天麻10g，丹参15g，川芎9g，潼白蒺藜各10g，蔓荆子15g，炒黄芩9g，郁金10g，决明子15g，广木香6g，砂仁（后下）6g，佛手片9g，灵磁石（先煎）30g，炒薏苡仁20g，炒香附10g，炒延胡索15g，赤白芍各12g，炙鸡金10g，萆薢12g，车前草10g，白茯苓15g，炙甘草6g。10剂。

医嘱：保持情绪乐观稳定；避免过劳。

二诊：药后症减，舌淡红，苔薄白，脉细弦。脉证合参，思辨同前。原法尚合机宜，守法继进。

处方：天麻9g，丹参15g，蔓荆子15g，石决明（先煎）20g，广木香6g，砂仁（后下）6g，潼白蒺藜各10g，灵磁石（先煎）30g，青龙齿（先煎）20g，炙鸡金10g，赤白芍各9g，炒香附10g，炒延胡索15g，炒薏苡仁20g，炒川芎6g，白茯苓15g，生甘草6g。10剂。

随访：眩晕，胁腹胀满诸症已瘥。

按：《临证指南医案•眩晕门》说："经云诸风掉眩，皆属于肝，头为诸阳之首，耳目口鼻皆系清空之窍，所谓眩晕者，非外来之邪，乃肝胆之风阳上冒耳，甚则有昏厥跌仆之虞。"肝为风木之脏，体阴而用阳，主升主动，"风气通于肝"，"风胜则动"，肝病极易动风、化风。眩晕责之于肝者临证甚为多见，如肝血虚、肝阴虚、肝气郁结、肝气上逆、肝火上炎、肝阳上亢、肝风内动等，均为肝病作眩的常见类型。故而，眩晕病证通常从肝论治。蒋老认为，本案以头晕为主症，怒则气上，劳则气升，肝气升潜失制，其病在肝，证属肝气上逆，治宜平肝降逆为要。然而，肝气横逆，每致中焦升降之机失常，故见胁腹胀满。且中土平和，使之木疏风息。故而，蒋老在平肝降逆基础上，辅以理气和中，使气顺风除而眩晕告平。

案三：咳嗽案

陈某，男，38岁，2005年12月6日初诊。反复感冒咳嗽2年余。患者2年来由于工作疲劳，经常感冒咳嗽，一般每月1～2次。胸部X线摄片及实验室检查提示：未见明显异常。平素胸闷气短乏力，动辄汗出，夜寐欠安。舌偏红，苔少，脉细。中医诊断：咳嗽。证型：气阴两虚证。西医诊断：咳嗽待查。辨证属劳倦过度，耗气伤阴，卫外不固，肺失宣肃，则易于感冒咳嗽，气短乏力，动辄汗出。目前虽无表证，但气阴未复，宿根难除。治以补益气阴，宣肺化痰，固表和中，标本同治。

处方：别直参（打粉）20g，北沙参160g，炙黄芪200g，熟地黄200g，郁金120g，瓜蒌皮80g，制川朴120g，广木香80g，砂仁（后下）80g，北五味子80g，炙麻黄60g，化橘红100g，姜半夏120g，鱼腥草160g，炙鸡内金160g，炒薏苡仁200g，旋覆花（包煎）120g，炙款冬160g，炙桑白皮160g，陈橼皮160g，炒白术120g，老鹳草160g，浙贝母160g，代赭石（先煎）200g，杏仁（杵）120g，枇杷叶120g，制黄精160g，玉竹120g，炙甘草100g。1剂，浓煎3次，去渣存汁，烊入阿胶500g，冰糖500g，黄酒500ml收膏，每日早晚2次，每次2茶匙，滚水冲服。

医嘱：慎饮食，忌辛辣刺激之品；慎起居，避风寒；避免过度劳累，注意休息。

随访：体质明显增强，感冒咳嗽次数明显减少。

按：冬令封藏宜培补，施以膏方，滋养脏腑，补益气血。蒋老认为，膏方多以补虚为主或扶正祛邪为目的，要做到治病和防病相结合，扶正和祛邪相结合，调理和滋补相结合，补中寓治，治中寓补。本案因劳倦而致气阴不足，卫外不固，肺失宣肃。时值冬令蛰藏之际，适于培补正气，标本兼顾，膏滋代煎，缓图功效。本方重在益气养阴以补虚，兼顾宣肺化痰以治标，标本同治。另外，蒋老认为，膏方中药物大多气厚味腻，服后更易滞脾呆胃，脾胃功能欠佳者，需先调理脾胃，方可服用膏方，切忌蛮补、壅补。补气、养血、益阴之药为静，理气、助运、消导之品为动，本方静中带动，并行不悖，既无滋补滞脾碍胃之虞，而又有补虚治病之功。

其实，“和”的理念源远流长，寓意深刻，需要我们去领悟，需要我们去践行，使之得以传承。“和”可以说是中华传统文化的精髓，无论是做人还是行医，都是我们追求的境界。

第二节　重视气之为病

《素问·举痛论》说：“百病皆生于气。”并列九气为病，怒则气上、喜则气缓、悲则气消、恐则气下、寒则气收、炅则气泄、惊则气乱、劳则气耗、思则气结，可见许多内外因素，皆可导致气机失调的病变。张介宾说：“夫百病皆生于气，正以气之为用，无所不至，一有不调，则无所不病。故其在外，则有六气之侵；在内，则有九气之乱。而凡病之为虚，为实，为热，为寒，至其变态，莫可名状，欲求其本，则止一气字足以尽之。盖气有不调之处，即病本所在之处也。”实乃真知灼见，句句中的。蒋老甚为赞同，临证注重气分病证，喜用气分方药。就其本病而言，证有气盛、气滞、气逆、气陷之异；治有补益、行气、降逆、升提之别。而气之与精、血、津液、脏腑经络关系密切，故治则不离乎气。

在长期的临床实践中，蒋老体会到，在诸般气分病证中，尤以气机郁滞之变最为常见。《医经溯洄集·五郁论》说：“凡病之起也，多由乎郁，郁者，滞而不通之意。”《丹溪心法·六郁》亦说：“气血冲和，百病不生；一有怫郁，诸病生焉。故人身诸病，多生于郁。”而气机郁滞之成因，或缘气虚温运无力，或因情志所伤，病邪阻滞。气机郁滞日久不愈，势必由气及血、津液、脏腑、经络等，形成血瘀，湿停，痰生，脏腑失调及经络失和，变生多端。蒋老认为，诸般病证每具气机郁滞之变，法宜宣畅气机，诚如《证治汇补·郁证》所言：“郁病虽多，皆因气不周流，法当顺气为先。”

案一：郁证案

周某，女，63岁，1991年10月4日初诊。精神抑郁，多愁善感，时有幻觉，语言不利，甚而啼哭，夜难入寐，舌苔薄白而腻，脉细弦。治以行气解郁，化痰宁心。

处方：郁金9g，石菖蒲9g，制香附9g，玫瑰花6g，绿萼梅6g，广木香6g，陈胆星9g，白茯苓15g，夜交藤30g，淮小麦30g，北五味6g，红枣20g，炙甘草6g。7剂。

10月11日二诊：药后幻觉减少，夜寐亦安，纳少神倦，苔薄腻，脉细。治续原旨。

处方：郁金9g，石菖蒲9g，制香附9g，玫瑰花6g，绿萼梅6g，淮小麦30g，北五味6g，陈胆星9g，竹沥半夏9g，白茯苓15g，红枣20g，炙鸡金9g，炙甘草6g。7剂。

按：《金匮要略·妇人杂病脉证并治》曰：“妇人脏躁，喜悲伤欲哭，象如神灵所作。”患者情绪抑郁，肝失疏泄，气机郁滞，湿聚痰生，痰气内结。思虑过度，心气亏耗，脏阴不足，神失所养。辨证分析，属“脏躁”“郁证”范畴。《医方论·越鞠丸》说：“凡郁病必先气病，气得疏通，郁于何有?”故方以疏肝理气为主，并佐化痰之南星、半夏，养心安神之甘麦大枣。气机调畅，而诸症趋于稳定。

由于气郁之因有虚有实，故宣畅气机。蒋老认为，凡常人之于气滞者，唯知破之散之，而云补以行气，必不然也。不知实则气滞，虚则力不足运动其气，亦觉气滞，再用消散，重虚其虚矣。气机郁滞证，其症为实，而其机虚者恒多，气不虚不阻。如脾胃病证，病中满者，皆由气虚之故，气虚不能运行，则气滞而满；气虚不能行水，则湿阻而满；气虚不能消谷，则食停而满。古方补而行之者，不乏其例。如心脾气虚而滞，宜五味异功散；脾胃气虚而滞，宜六君子汤；脾胃虚寒而滞，宜温胃饮、理中汤；脾气下陷，滞而不升，宜补中益气汤；元气大虚，气化不行而痛，宜十全大补汤等，皆补以行气之法，要在补中有运，行而不滞。

案二：胁痛案

罗某，女，38岁，1992年1月17日初诊。2年前曾患“乙型肝炎”，嗣后稍劳则右胁隐约疼痛，脘腹时感胀滞，神倦体瘦，舌苔白，脉弦。治以补气行滞。

处方：炙黄芪15g，西党参15g，炒白术9g，川朴花6g，广木香6g，制香附9g，延胡索9g，郁金9g，炒白芍15g，丹参15g，八月札12g，炙鸡金9g，白茯苓15g，炙甘草6g。7剂。

按：气之虚与滞，譬如江河之水，浩浩荡荡，岂能阻塞。唯沟浍溪谷水浅泥淤，遂至壅遏。不思导源江河，资灌输以冀流通，唯日事疏凿，水日涸而淤如故。患者气虚而滞，肝脾不调，蒋老疏方，补气以助动力，行气以运郁滞，服药半个月，即见效应。

第三节　倡言浊邪致病

蒋老临证辨治，颇重浊邪。考“浊”之义，《说文解字》言：“浊，水出齐郡厉妫山东北，入钜定，从水蜀声。”《水经注》曰：“水不清也。”意谓混浊，与“清”相对。《荀子·君道》曰：“源清则流清，源浊则流浊。”盖即言此。其原意当为水不清，不干净，混浊。引入中医学病因学说，主要指污秽、混浊之邪，如形容湿浊，或腐败污秽之气，如瘀浊、山岚瘴气、痰浊等。在浊邪之中，以湿浊、痰浊、瘀浊尤为多见。浊有内外之分，外则感受邪气而成，内则多缘气郁而生。气清则水津四布，气郁则水浊而壅瘀。故湿停、痰壅、血瘀、食积，多由气机郁滞不畅，而邪浊内阻，每致气郁。无论外感疾病，还是内伤杂证，常见浊阻气滞。

通过对296例慢性胃炎的舌象观察研究，结果表明，舌苔呈现白腻、黄腻或灰黑腻，主湿浊内阻者126人；舌紫、瘀点、瘀斑舌、舌下络脉瘀紫，主瘀浊内滞者25人；腻苔与舌瘀并见，主湿瘀交阻者98人，其病因为湿浊或瘀浊者占84.12%，足见浊邪致病之危害性、严重性。故而，临证治疗，注重化浊，调气之时，又宜驱邪、利湿、祛痰、化瘀、消食而去其浊。

案：癥瘕案

范某，女，33岁，1992年7月10日初诊。右侧小腹胀痛1年余。经B型超声波检查提示（1992年2月18日）：子宫右后探及一囊性包块大小约5.4cm×3.8cm×3.3cm，包膜完整，界境亦清，内部可见条片状回声。诊为：右侧卵巢囊肿。腹部发胀，右侧少腹隐痛，舌质淡紫，苔薄白腻，脉弦细。治以理气化痰，行瘀消积。

处方：生黄芪15g，夏枯草12g，昆布9g，海藻9g，象贝9g，生牡蛎（先煎）20g，丹皮9g，丹参15g，小青皮6g，广木香12g，炒米仁20g，绿萼梅6g，炙鸡金9g，通草3g。7剂。

9月4日二诊：上方继服50余剂，腹胀减轻，隐痛偶作，苔薄白，脉弦细，治再原法出入。上方去绿萼梅，加制香附9g，乌药9g。7剂。

10月23日三诊：10月13日B超复查：子宫右侧探及一圆形边缘不光整包块约1.5cm×2.0cm，内部呈点状回声，诊断为右侧附件炎性包块可能。苔薄脉弦，治守原方继进，服药30剂后复查，包块消失。

按：妇人癥瘕，《灵枢·水胀》所载“肠覃”“石瘕”，似属此类。其言：肠覃乃“寒气客于肠外，与卫气相搏，气不得营，因有所系，癖而内著，恶气乃起，瘜肉乃生。其始生也，大如鸡卵，稍以益大，至其成，如怀子之状，久者离岁，按之则坚，推之则移，月事以时下，此其候也”“石瘕生于胞中，寒气客于子门，子门闭塞，气不得通，恶血当泻不泻，衃以留止，日以益大，状如怀子，月事不以时下，皆生于女子，可导而下”。可见，肠覃与石瘕，皆为妇女腹中内结肿块的病证。蒋老认为：凡癥瘕之疾，多挟痰浊，痰瘀相搏，阻碍气机，形成气滞血瘀痰凝，浊结成块。《济阴纲目·卷之五积聚瘕门·论妇人诸积形状》言：“盖痞气之中，未尝无饮，而血癥食瘕之内，未尝无痰，则痰食血，又未有不因气病而后形病也。故消积之中，当兼行气消痰消瘀之药为是。”本案，蒋老治以行气化浊法为主，调畅气机；又以化痰散瘀消积，药似平常，然服药4个月，癥块竟失。

第四节 强调升降出入

升降出入，是人体气化功能之基本形式，是机体各脏腑组织的综合作用。蒋老认为：人的生理功能虽然很复杂，但概括起来，不外乎“升降出入”四个字。这就是说，在人的生命机能的活动过程中，最基本的表现形式是人体的精、气、血、津液的上升和下降，宣发于外和灌注于内的过程，即脏腑、经络、阴阳气血矛盾运动的基本过程。因此，任何脏腑经络、阴阳气血生理功能失常，都必然体现为升降出入功能异常。正如《素问·六微旨大论》所说：“出入废，则神机化灭；升降息，则气立孤危。故非出入，则无以生长壮老已，非升降，则无以生长化收藏。是以升降出入，无器不有。故器者，生化之宇，器散则分之，生化息矣。故无不出入，无不升降。”这也就是说，如果人体的精、气、血、津液等物质，外不能宣发于肌肤、皮毛，内不能灌注于五脏六腑，生命机能就会停止；如果人体物质的上升和下降一旦停息，气必将绝。故而，没有物质宣发于外和灌注于内，没有清升和浊降，人也就不可能生长、发育，生机随之熄灭。出入升降是人体物质运动的基本特征，没有任何一个形体属于例外。

临证治疗，蒋老主张，应恢复与重建其升降出入之功能，其中，升降重于生长升发以扶养，出入重于邪有出路以祛除。兹录两案，以资佐证。

案一：便秘案

徐某，女，34岁，1992年4月14日初诊。大便秘结10余年，数日甚而周余一便，更衣不畅，神疲乏力，口咽干燥，舌质偏淡，苔少，脉沉细而弱。治以益气阴，润肠道。

处方：制首乌15g，生黄芪20g，甜苁蓉9g，炒当归9g，瓜蒌仁（杵）15g，郁李仁（杵）15g，桃仁（杵）9g，熟地15g，麦冬10g，制女贞15g，玄参9g，干石斛10g，玉竹10g，炒枳壳6g，桔梗5g。7剂。

4月21日二诊：服药3剂，大便畅行，精神好转，夜寐欠安，舌脉如前，治再上法，去郁李仁、桃仁、石斛，加太子参15g，柏子仁（杵）10g，炒枣仁（杵）10g，7剂，以图巩固。

案二：便秘案

吴某，男，48岁，1992年4月17日初诊。便秘腹胀2月余，更衣干燥，3～4日一便，内热心烦，舌红苔黄，脉弦滑。治以清热化浊通腑。

处方：制川朴6g，炒枳实9g，生地15g，广木香6g，制大黄9g，制香附9g，炒黄芩6g，姜半夏9g，青陈皮各6g，焦山栀9g，生甘草6g，郁金9g。5剂。

4月24日二诊：大便已通畅，腹胀亦减，烦热稍除，治守原方，继服5剂而愈。

按：《医学入门·秘结》言："一日一便为顺，三、四日不便为秘。"上述两案，皆为便秘。但病程有长短，虚实则各异。案一病久，气阴两虚，阴血不足，肠道津亏，阳气虚馁，通便无力。案二病暂，热结肠道，腑气不通。两案虽同为大肠传导迟滞，而蒋老施药，前者投以益气养阴之品，并佐黄芪、桔梗升提肺气，枳壳降气利肠，以成增液行舟之势。后者清泄通腑，热从下出，使邪有出路。治法不同，却有异曲同工之妙。

在各种各样的气机升降出入运动中，其中最具关键意义者，乃脾胃之升降功能活动。脾胃之升降，对整体气机的升降出入至关重要。蒋老认为：脾胃居于中焦，通连上下，是升降运动的枢纽。脾胃为后天之本、气血生化之源。脾为脏，属阴，喜燥恶湿，其气以升为健。胃为腑，属阳，喜润恶燥，其气以降为和。脾胃的升降正常，出入有序，就可以维持机体"清阳出上窍，浊阴归六腑"（《素问·阴阳应象大论》）等各种正常的生理功能。反之，若脾胃的升降出入失常，则清阳之气不能敷布，后天之精不能归藏，饮食清气无法进入，废浊之物不能排出，继而变生诸般病证。《吴医汇讲》说："治脾胃之法，莫精于升降……俾升降失宜，则脾胃伤，脾胃伤则出纳之机失其常度，而后天之生气已息，鲜不夭扎生民者已"，指出了脾胃升降失常对于整体机能活动的影响，以及治脾胃应注意调整升降的重要性。

脾胃为升降出入之枢纽，升降失常，出入无序，主要表现为：升者不升，降者不降，纳而不入，运而不行，疾病随之而生。治脾胃调升降，蒋老主张顺从脾胃各自特征，脾宜升、宜健、宜燥、宜补；胃宜降、宜和、宜润、宜泄。

案三：

徐某，男，53岁，1984年2月11日初诊。素有脘宇疼痛。近2日忽呃逆不止，昼夜无间断，胸膈痞满不舒，苔腻，脉弦滑。治以清肝和胃，化痰降逆。

处方：旋覆花（包煎）10g，代赭石（先煎）20g，广藿香9g，法半夏6g，丁香3g，沉香片（后下）3g，制川朴6g，炒枳实6g，橘皮6g，柿蒂9g，生山栀9g，姜竹茹6g。3剂。

2月15日二诊：呃逆缓解，气促亦平，胸闷不舒仍作，胃脘隐痛，苔白脉弦，治仍上法出入。

处方：旋覆花（包煎）10g，公丁香3g，法半夏6g，青陈皮各6g，高良姜3g，制川朴6g，炒黄芩6g，熟莱菔子9g，广木香6g，白茯苓15g。3剂。

按：该证湿热挟痰，阻碍气机，肝木先失条达，胃土又失和降，以胃寒为本，肝火为标。治以清泄降火，辅化痰湿，调畅气机，和中安胃为法，待其郁火得泄，肝气得疏，痰湿得化，则上冲之呃逆自止，郁火清，胃气降而病告愈。

第五节　注重顾护胃气

蒋老在临床尤其重视扶护胃，《灵枢·五味》曰："五脏六腑皆禀气于胃。"人以胃气为本。蒋老认为，所谓"胃气"，即脾胃之消化吸收机能，脾胃为气血生化之源、后天之本。因而，胃气在一定程度上代表了机体的抗病能力，可见胃气在人体中具有特殊的重要作用。

蒋老临证辨析，主张察病者必先察胃气。就其临床表现而言，无论五色、舌象、脉象，或饮食状况，无不见其胃气之外象。如面色之红黄隐隐，含蓄不露，舌上之苔乃胃气之所熏蒸，脉之和缓有力、节律一致、不浮不沉，以及脾胃强而纳谷馨、饮食知味，皆属有胃气之征象。若有劳倦、情志不适、食寒饮冷，暴饮暴食、饮食偏嗜，皆能伤脾、损胃，脾胃之气既伤，则五脏元气亦不能充，诸病由此生。而临证每见面色萎黄或淡白不华、舌苔少或剥落、脉象缓弱无力、饮食不思等症，乃诊察之要点。

治病当以脾胃为先，若脾胃他脏兼而有病，舍脾胃而治他脏，无益也。又一切虚证，不问在气在血，在何脏腑，而只专补脾胃，脾胃一强，则饮食自倍，精血日旺，阳生而阴长矣。蒋老临证治病，每必本于脾胃、扶护胃气。法有化、理、调、和、养、补之不同，非限补益之一端。如藿香、佩兰、蔻仁、鸡内金、谷麦芽等化湿消积，谓之化；白术、枳壳、薏苡仁、茯苓等疏理脾胃，谓之理；木香、香附、佛手、郁金、延胡索、砂仁等调畅气血，谓之调；半夏与黄芩、吴茱萸与黄连等寒温并用，苦辛同施，有热去热，有寒去寒，中焦气和，谓之和；沙参、麦冬、石斛、玉竹等滋养胃阴，谓之养；党参、黄芪、附子、干姜等温补脾土，谓之补。

蒋老用药平淡轻和，意在扶养胃气，顺应脾胃特性。方药虽平淡，然脾胃气和，而于清淡之中见神奇，轻灵之中收其功。

案一：喘证案

沈某，女，53岁，2005年12月9日初诊。反复咳嗽10余年伴气喘3年，再发2周。患者10余年来每到冬季气候变化时经常咳嗽咳痰，近3年来，病情有所加重，体虚易于感冒，且每次感冒后，咳嗽咳痰并伴有胸闷气喘。曾诊为“喘息型支气管炎”。2周前，因天气骤冷，再发咳嗽咳痰，痰量较多，色白质稀，胸闷气喘，脘腹胀滞，身倦乏力。舌红而嫩，苔薄白腻，脉细稍滑。中医诊断：喘证。证型：痰浊壅肺，气阴两虚证。西医诊断：喘息型支气管炎。辨证属痰浊内阻，外邪引发，咳喘时作。咳喘日久，伤及于肺；气阴不足，卫外不固，易于感邪，引发喘咳。痰浊壅肺，肺失宣降，气逆于上，故见咳嗽咳痰，痰多色白，胸闷气急。治以补虚泻实，标本兼治。

处方：小青龙汤合沙参麦冬汤加减。北沙参15g，麦冬12g，制川朴9g，旋覆花（包煎）10g，姜半夏9g，化橘红9g，浙贝母10g，炙款冬10g，炙麻黄3g，炙桑白皮15g，鱼腥草15g，广木香6g，砂仁（后下）6g，制香附12g，炒延胡索15g，炙鸡金10g，蒲公英20g，白茯苓15g。14剂。

医嘱：饮食宜清淡；避风寒，预防感冒。

二诊：晨起咳嗽咳痰，头晕而重，时有耳鸣，胸腹满闷，时有泛酸。舌红嫩，苔白，脉细滑。肺之宣肃渐常，咳喘好转明显。痰浊难以速祛，蒙塞诸窍，故见头重而晕。治当继续化痰去浊，止咳平喘，益气养阴，兼顾中州。

处方：半夏白术天麻汤合沙参麦冬汤加减。明天麻10g，葛根20g，制川朴9g，姜半夏10g，旋覆花（包煎）10g，浙贝母10g，北沙参15g，麦冬12g，化橘红9g，广木香6g，砂仁（后下）6g，北五味子6g，炙麻黄3g，制香附12g，炒延胡索15g，海螵蛸15g，炒薏苡仁20g，白茯苓15g，炙甘草6g。14剂。

随访：诸症告平。

按：本案喘息型支气管炎，喘咳半个月，经多种抗生素治疗未能见效，证属本虚标实。气阴两虚为本虚，痰浊壅肺为标实，治应补虚泻实，方以小青龙汤合沙参麦冬汤加减。然而初诊时表邪已解而喘咳未除，兼有气阴不足，故小青龙汤去桂枝、细辛、干姜以减发散之力，且无伤阴之虑，麻黄用蜜炙并加炙款冬、炙桑白皮以偏重肃肺平喘止咳，加用浙贝母、橘红以助化痰去浊；制川朴、旋覆花以降肺逆，与麻黄配伍，宣中有降，顺合肺之特性。诸药配伍，亦攻亦补，亦宣亦降，标本兼治，相得益彰。复诊喘咳明显好转，却有头晕、泛酸之症，故治疗继之化痰浊，止咳喘，益气阴，兼顾中州，头晕耳鸣，满闷泛酸诸症得以告痊。

案二：消渴案

李某，男，65岁，2005年3月25日初诊。小便频多伴口渴2月余。患者2个月前始觉小便频多，饮水不久便解，伴口咽干燥，经当地医院诊断为“2型糖尿病”，曾服格列齐特治疗，症状改善，但停药后诸症复作，遂转请中医诊治。空腹血糖11.6mmol/L。舌红苔少，脉细弦数。中医诊断：消渴。证型：肺肾阴虚证。西医诊断：2型糖尿病。辨证属肾为先天之本，职司封藏，肾阴亏虚，开阖、固摄无权，是以小便频多。肺肾阴虚，阴津不能上承于口，故见口咽干燥。舌红，苔少，脉细弦数均为阴虚内热之象。治以滋肾润肺，生津止渴。

处方：生地20g，白茅根15g，金银花15g，旱莲草15g，女贞子15g，天花粉15g，怀山药20g，五倍子15g，冬桑叶10g，炒黄芩10g，金樱子15g，佛手片6g，制黄精15g，白茯苓15g。10剂。

医嘱：忌食糖类，饮食宜以粗粮配以蔬菜为主。

二诊：药后症减，溲次减少，仍觉口干咽燥。舌偏红，少苔，脉细数。脉证合参，思辨同前。既见转机，守法继进。

处方：生地20g，白茅根15g，旱莲草15g，女贞子15g，麦冬12g，天花粉15g，怀山药20g，五倍子15g，冬桑叶10g，桑螵蛸10g，金樱子15g，川萆薢15g，白茯苓15g，葛根15g，制萸肉10g。10剂。

随访：上方再服1个月，小溲趋向正常，口干症解，测空腹血糖为6.2mmol/L。

按：《临证指南医案·三消》中指出：“三消一证，虽有上、中、下之分，其实不越阴亏阳亢，津涸热淫而已。”消渴有上、中、下三消，但其病机性质一致，即阴虚为本，燥热为标，治疗当以清热润燥，养阴生津为基本原则。对上、中、下消有侧重润肺、养胃（脾）、益肾之别。本案以小溲频多，口干咽燥为主症，证属上下二消，治疗则重在滋肾养阴，使肾之封藏职守，约束有权；润肺生津，肺之治节职司，气能化津。然而，蒋老极力推崇消渴病机之“脾不散精”说。《素问·经脉别论》曰：“饮入于胃，游溢精气，上输于脾，脾气散精，上归于肺，通调水道，下输膀胱。水精四布，五经并行”，阐明了谷食和水液入胃后所化生之精气的输布过程，其中，“脾气散精”至关重要。消渴病证一般皆有“脾不散精”之表现，故而蒋老于施治之中，每多辅以益气健脾、助运散精之品，如是治疗消渴，自必效如应桴。

案三：痿证案

陈某，男，23岁，1991年8月21日初诊。四肢痿软20余日。患者于1个月前因家庭纠纷，顿起轻生之念，喝入50%甲胺磷剧毒农药约50ml。家人发现后迅即送入当地医院急救而脱险。然1周后出现上肢痿软无力，下肢肌肉萎缩，不能行走，肢体关节肌肉感到酸疼，赴多家医院就诊，诊断为“有机磷农药中毒后遗症”。治疗3周，未见明显效果。经一曾有相同病情而由蒋老治愈的患者介绍转请蒋老诊治。症见：两手大小鱼际肌及腓肠肌萎缩，拇指持物无力，下肢痿软，须人搀扶才能勉强跨步行走，四肢关节肌肉隐约酸疼，肢冷畏寒，舌苔薄白而腻，脉沉细。中医诊断：痿证。证型：气血两伤，余毒未尽证。西医诊断：有机磷农药中毒后遗症，辨证属毒物大伤气血，经脉受损失养，脏腑受累。脾胃两伤则不生肌肉，肝伤则不养其筋，肾伤则不充其骨，故见肌肉萎缩，筋脉弛纵，四肢痿软无力。治以益气养血，温经通络，清解余毒。

处方：生黄芪20g，全当归9g，生熟地各12g，威灵仙12g，淡附片（先煎）6g，桂枝9g，丹参20g，炮山甲（先煎）9g，广地龙15g，伸筋草12g，宣木瓜6g，川牛膝10g，炒黄柏9g，绿豆衣20g，六一散（包煎）12g。

医嘱：慎起居，运动康复；调饮食，加强营养。

10月9日二诊：上方共服35剂。经脉受伤，肌肉萎缩，酸疼已除，手指持物无力，虽能单独行走，然步履不稳。苔薄白，脉弦细。治以益气养血，温经和络。原方去威灵仙、丹参、山甲、木瓜、绿豆衣、六一散，加鸡血藤15g，炒杜仲10g，狗脊12g，桑寄生12g，赤白芍各9g。

11月27日三诊：上方服60剂。两手已能持物，并能打旺火柴，行走基本正常，并能骑自行车，单人前来求诊，生活已能自理，肌肉瘦削，苔薄白，脉细。治再温养，巩固疗效。

处方：生黄芪30g，生熟地各15g，全当归9g，淡附片（先煎）9g，炒白术9g，炒杜仲12g，赤白芍各9g，狗脊12g，宣木瓜10g，鸡血藤15g，薏苡仁20g，川牛膝15g，广地龙15g，炙甘草6g。

1992年2月26日复诊告之，前方服60余剂，四肢功能基本恢复，肌肉逐渐充盛，已能从事轻微工作。

按：甲胺磷系高效高毒有机磷杀虫剂，中毒时受本品抑制的胆碱酯酶易老化，急性中毒经抢救治愈数天或数周后，可因神经损伤，脱髓鞘变而出现肢体瘫痪。蒋老认为：此乃毒物大伤气血，经脉受损失养，脏腑受累，尤以脾胃、肝、肾最为严重。脾胃两伤则不生肌肉，肝伤则不养其筋，肾伤则不充其骨，故见肌肉萎缩，筋脉弛纵，四肢痿软无力。此症可按中医学“痿证”论治。然初期尤宜考虑清解余毒，故始则温养气血，通经和络为基，选用绿豆衣、六一散。早在《证治准绳》即载绿豆饮作为治误服热毒之剂，近人用绿豆、六一散解有机磷农药中毒，效果满意。二诊后重在补益气血，温养经脉。以黄芪、白术、苡仁等健脾养胃；生熟地、杜仲、狗脊等补益肝肾；附子、桂枝、地龙等温经和络。使余毒解尽，气血旺盛，脏腑功能得以恢复，筋骨肌内逐渐强健。前后服药约150剂，而告基本痊愈。

第六节　创制经验效方

蒋老在业医执教生涯中，随着用药体会及临证经验的积累，创立了不少疗效突出、切实可用的经验方，兹整理蒋老验方三则于后。

一、健脾胜湿汤

1. 组成

炒白术9g，制川朴4.5g，白蔻仁（后下）3g，广藿香9g，新会皮6g，石菖蒲6g，炒枳壳6g，神曲9g，炒苡仁20g，白茯苓12g，车前草9g，广木香6g。

2. 功能

健脾助运，分化湿浊。

3. 主治

脘痞腹胀，食欲不振，泛恶欲吐，身倦困重或头身重痛，面浮肢肿，小便短少，大便溏泻，脉濡缓或濡数，舌质淡或红，苔白腻或黄腻。

4. 用法

每日1剂，清水煎，上、下午各服1次。

5. 方解

脾主运化，喜燥恶湿，与胃相为表里，位居中焦，中焦脾胃乃气机升降之枢纽。上述诸症乃由脾胃本亏，运化失司，湿浊内生，或感受湿浊之气或过食生冷、油腻之物而成脾虚湿胜。湿阻则气滞，故脘痞腹胀；湿浊中阻，脾失健运，胃失和降，故而纳呆呕恶；脾胃受湿，清浊不分，并走大肠，是以便溏溲短；湿性重滞，郁于脾土，清阳蒙蔽，则见身倦重痛；脾虚失运，水湿滞留，溢于肌肤，所以面浮肢肿；水湿之邪，压抑脉道，阳气被遏，而见脉濡苔腻。蒋老认为，此证脾虚为本，湿胜为标，治宜标本兼顾。而治湿必先治脾，脾健则湿无以生；治湿需理气，气治则湿易化。并主张邪有出路，湿从下渗。方以《简要济众方》平胃散白术易苍术去甘草加味化裁而成。药用白术、薏苡健运脾土作为主药；辅以厚朴、蔻仁、陈皮、木香、枳壳行气和胃；佐以藿香、菖蒲、茯苓、神曲分化湿浊；使以车前草渗湿利水，使湿浊之邪从小便而出。诸药合用，共奏健脾助运、分化湿浊之功。

6. 加减运用

脾虚气弱，湿伤中阳者加党参、干姜；苔腻而黄，口苦溲赤者加黄芩、黄连；身肿腹胀较为严重者加大腹皮，茯苓改作皮用。

7. 按语

本方是蒋老治疗脾虚湿阻的代表方。凡消化系统疾病表现为脾胃气虚，水湿内停证者，可选用本方。

8. 典型病例

沈某，男，47岁，1992年1月14日初诊。腹泻反复而作已逾半年。去年6月，因饮食不洁，突发腹痛泄泻，经治而愈。嗣后，饮食稍有不慎，大便次数每易增多，日4～5次，稀软不成形，有时夹有黏液，伴有腹部隐痛。大便常规检查：白细胞少量。本月初曾钡剂灌肠检查，提示为慢性结肠炎。始用抗生素诺氟沙星胶囊等效果较佳，近来疗效不显。平时右下腹胀滞不适，胃纳尚可，体疲易乏，面色少华。舌质偏淡而胖，苔薄腻，脉沉而缓。治以健脾助运，分化湿浊。

处方：潞党参12g，炒白术9g，制川朴5g，煨木香6g，炒苡仁20g，炒枳壳6g，藿香9g，白茯苓12g，炒扁豆9g，神曲9g，车前子（包煎）20g，地锦草12g。

上方连服7剂，便次已减，日2～3次，腹胀腹痛缓减。

1月21日二诊：前方去车前子，加黄芪15g，7剂。药后大便成形，日1～2次，腹无不适，大便常规检查正常，随访3个月，腹泻未作。

二、脘痛舒

1. 组成

川楝子9g，炒延胡索9g，炒枳壳6g，炒白术9g，炒白芍12g，炒香附

9g，广木香6g，郁金9g，蒲公英12g，炙甘草6g。

2. 功能

行气活血，和胃止痛。

3. 主治

急慢性胃炎、胃溃疡、十二指肠炎、十二指肠球部溃疡等表现胃脘疼痛或脘腹疼痛者。

4. 用法

每日1剂，清水煎，上、下午各服1次。

5. 方解

胃脘疼痛或脘腹疼痛是急慢性胃炎、十二指肠炎、胃及十二指肠球部溃疡最为常见的症状。中医学认为，胃脘痛病位在胃。胃为水谷之海，其气以通为用，以降为和。气不通降，胃腑气滞不通，则生疼痛。胃气郁滞之成因，其脏与胃、肝、脾等关系最为密切，其邪则受寒、瘀、湿、热等影响甚为深重。临证治疗，宣畅气机，和胃止痛，当为要务。蒋老合《太平圣惠方》之金铃子散（川楝子、延胡索）、张洁古之枳术丸及《伤寒论》之芍药甘草汤成一方作为基础。其中，金铃子散疏肝行气，活血止痛，功偏泄热；枳术丸健脾和胃，行气导滞，功重温补。两方寒温并用，补泻兼施，正合脾胃之生理特性，使其升降出入有序，气血得以畅行，是为主药。胃喜润恶燥，辅以芍药甘草汤酸甘化阴，缓急止痛。三方合一方，止痛效果尤佳。更佐以香附、木香疏肝理气止痛，郁金、蒲公英解郁行血清热，共奏行气活血，和胃止痛之功。是方虽多辛温香散之品，然得苦寒酸甘之郁金、蒲公英、白芍、甘草等相伍，庶免耗气伤阴之弊。

6. 加减运用

气虚乏力者加党参12g，黄芪15g；脘痛喜温者去蒲公英，加桂枝9g，良姜9g；心烦嘈杂者加北沙参10g，麦冬9g，玉竹9g；呕恶泛酸者去芍药、甘草，加炒竹茹6g，瓦楞子15g；胃纳不振者加鸡内金9g，谷芽12g；便结不畅者去木香，加瓜蒌仁（杵）15g，桃仁（杵）9g。

7. 按语

脘痛舒是蒋老治疗各种消化系统疾病引起胃脘痛的经验效方。从1991年2月至1993年4月，运用脘痛舒治疗观察慢性胃炎236例，按照1988年国家中医药管理局医政司颁布的疗效评定标准评判。其中，痊愈133例，好转82

例，无效21例，总有效率为91.1%。

8. 典型病例

陈某，男，48岁，2005年5月17日初诊。胃脘胀痛反复发作10余年。经多次胃镜检查及胃黏膜组织病理检查，诊断为“慢性萎缩性胃炎伴肠化生”。胃病经年，脘宇胀满疼痛，面色黧黑，形体稍瘦，神倦乏力，更衣易溏，舌质淡红，边有瘀点，苔薄腻，脉弦细。治以益气养阴，行瘀化浊，理气止痛。

处方：炙黄芪20g，潞党参15g，炒白芍12g，麦冬9g，玉竹9g，川朴5g，炒香附9g，炒川楝子9g，炒延胡索9g，广木香6g，炒白术9g，郁金9g，蒲公英15g，炒米仁20g。

上方服7剂后，自感稳妥，治守原法，连续服药，自2005年7月始，自觉症状消失。后改为隔日1剂。2006年4月30日胃镜复查结果为：胃前壁小弯角黏膜慢性炎（活动期），胃窦大弯小块黏膜慢性浅表炎。

三、芪萸仲柏汤

1. 组成

黄芪15g，山茱萸9g，杜仲12g，黄柏6g，白茅根12g，茯苓15g，牡蛎20g，金樱子12g。

2. 功能

益气养阴，补肾化浊。

3. 主治

慢性肾炎、肾病综合征而表现腰酸体疲，舌质淡红胖嫩，苔腻，脉沉细弦，蛋白尿者。

4. 用法

每日1剂，清水煎，上、下午各服1次。

5. 方解

慢性肾炎在中医学中属于“阴水”“虚劳”“腰痛”等范畴，其病因病机错综复杂，然不外乎虚实夹杂。蒋老积数十年之临证经验，以“肾虚浊滞”概其机制。其中，肾虚为本，气虚阴虚最为常见；浊滞为标，湿停热郁兼而有之。慢性肾炎虚证居多，尤其是水肿基本消退后，更为显著。即使为实，也属虚中夹实。肾藏精，为封藏之本。肾虚则封藏失职，固摄无权，是以蛋白、红细胞等精微物质随尿流失；浊滞则污秽不去，困遏伤正，而见肌酐、尿素氮等代谢废物难以祛除。气阴不足，则神疲乏力；上不荣色，则面白少华；肾元亏虚，故见腰俞酸楚或疼痛，诚如《素问·脉要精微论》所说："腰者，肾之府，转摇不能，肾将惫矣。"而脉之有力无力，尺部沉取如何，以及舌之有苔无苔，更为证之虚实之重要依据。肾虚则脉多沉细无力，舌胖嫩，边有齿痕；浊滞则脉多见弦，舌呈腻苔。

蒋老据"肾虚浊滞"之病机而立补肾化浊之治法。自拟芪萸仲柏汤，由黄芪、萸肉、杜仲、黄柏、白茅根、茯苓、牡蛎、金樱子等为主组成。以黄芪充其气，萸肉养其阴，合以杜仲补肾益元。萸肉酸温不热，平补阴阳；杜仲甘温不燥，侧重温补。更佐黄柏之苦寒清热燥湿于温补之中，既达清热燥湿而去浊，又图阳中求阴而益肾。茯苓、白茅根渗水湿，清郁热，助黄柏祛污浊之力。祛其污浊者，除其尿中之白细胞，清其血中之肌酐、尿素氮也。牡蛎、金樱子敛阴液，缩水泉，助芪、萸之补肾摄精。补肾摄精者，增其血中之白蛋白，消其尿中之蛋白、红细胞也。其方重于补虚，然补而不嫌滋腻；兼以泻浊，然泻而不虞伤正。故临证选用，效如应桴。

6. 加减运用

体虚易于感冒者加党参12g，炒白术9g；水肿未消，小溲短少者茯苓改为用皮，加大腹皮9g，车前草10g，薏苡仁20g；口干烘热者加生地15g，麦冬9g，炒知母9g；腰膝酸冷，头昏耳鸣者加仙茅9g，仙灵脾9g，巴戟天9g，菟丝子12g；尿赤而见红细胞者加大小蓟各12g，阿胶珠9g。

7. 按语

芪萸仲柏汤是蒋老治疗慢性肾炎的代表方，各种肾病在水肿基本消退后，凡见蛋白尿顽固不消，或氮质血症者，可以试用本方。

8. 典型病例

钱某，51岁，1991年10月7日初诊。肾炎病史6年。1989年10月复发加重，诊为"慢性肾炎肾病型"，住院治疗16个月。出院检查：浮肿基本消退，血压趋于正常，人血白蛋白32.0g/L，甘油三酯2.08mmol/L，总胆固醇7.06mmol/L，尿蛋白（+～++）。近半年，夜尿频多，每晚4～5次，量多清长，腰脊酸楚，两耳鸣响，神倦乏力，舌质淡红胖嫩，边有齿印，苔薄白腻，脉沉细。治以益气养阴，补肾化浊。

处方：生黄芪24g，制萸肉6g，生地15g，杜仲12g，黄柏9g，银花15g，生牡蛎（先煎）20g，白茯苓15g，白茅根15g，金樱子12g，芡实15g，菟丝子12g，潞党参15g。

崇上方意，稍作增损，连服50余剂。

11月25日二诊：尿检连续3次蛋白呈阴性。夜尿1～2次，腰酸耳鸣减轻，体力渐增。人血白蛋白38.0g/L，甘油三酯1.66mmol/L，总胆固醇6.12mmol/L。1993年6月23日随访，肾病未作，已恢复工作。

第七节　专病诊疗方案

2010年11月“蒋文照名老中医药专家传承工作室”列入国家中医药管理局全国名老中医药专家传承工作室建设项目。2014年9月16日“蒋文照名老中医药专家传承工作室”通过项目验收专家组的考核验收，评定成绩94.5分，验收结论为“优秀”。

“蒋文照名老中医药专家传承工作室”研究整理了蒋文照教授治疗如慢性胃炎等优势病种资料，并形成了慢性胃炎、反流性食管炎、溃疡性结肠炎等中医诊疗方案，对临床运用中医药诊疗具有指导意义。

一、慢性胃炎中医诊疗方案

慢性胃炎是指由不同病因引起胃黏膜的慢性炎症或萎缩性病变，属中医“胃脘痛”“胃痞”等范畴，本病多因情志不畅，气机郁滞；或因饮食所伤，胃失和降；或脾胃虚弱，纳运失常而发病；或因久病血液运行不畅，络脉不通而发病。结合著名脾胃病专家蒋文照教授诊治慢性胃炎的临床经验，参照2006年9月上海召开的第二届全国慢性胃炎共识会议通过的《中国慢性胃炎共识意见》和中华中医药学会脾胃病分会发布的《慢性浅表性胃炎中医诊疗共识意见》等，特制定具有蒋文照医学特色的《慢性胃炎中医诊疗方案》。

（一）西医诊断依据

突出中西医结合特点，除临床症状的辨证分型外，要求内镜及组织学检查，组织学以病变为核心。内镜下慢性胃炎分成非萎缩性（浅表性）胃炎、萎缩性胃炎和特殊类型胃炎三大类，并对幽门螺杆菌（HP）感染、炎症程度、活动性、萎缩和肠化，分别给予程度分级（分为无、轻、中、重四级）。

1. 症状

常有饮食不节或情志不畅等病史。症状无特异性，约半数有上腹部不适、钝痛、烧灼痛、泛酸、饱胀、恶心、嗳气、食欲减退等消化不良症状，有糜烂者可有少量或大量上消化道出血。

2. 体征

多不明显，可有上腹部压痛，部分患者可伴贫血、消瘦、舌炎等。

3. 辅助检查

（1）胃镜检查：①非萎缩性（浅表性）胃炎：黏膜可见红斑（点、片状、条状）、粗糙不平、出血点或斑；②萎缩性胃炎：黏膜呈颗粒状，黏膜血管显露，色泽灰暗。如同时存在平坦糜烂、隆起糜烂或胆汁反流，则诊断为“非萎缩性（浅表性）胃炎”，或“萎缩性胃炎伴糜烂”，或“胆汁反流”。

（2）胃液分析：浅表性肥厚性胃炎胃液酸度可在正常范围或偏高，萎缩性胃炎大多数偏低。

（3）HP相关性胃炎的诊断：组织学、尿素酶、细菌培养、C13或C14尿素呼气实验任意一项阳性。

（二）鉴别诊断

1. 消化性溃疡

该病以中上腹疼痛为主要症状，可偏左或偏右，疼痛性质为钝痛、灼痛、胀痛或饥饿样不适感，一般为轻至中度持续性疼痛。疼痛有典型的节律性，在十二指肠溃疡表现为疼痛在两餐间发生（饥饿痛），持续不减至下一餐进食后缓解。部分患者疼痛在午夜后发生（夜间痛）。胃溃疡表现为餐后约1小时发生，经1～2小时后逐渐缓解，至下次进餐后再重复上述规律。部分患者症状不典型，可通过胃镜或钡餐透视与之鉴别。内镜下消化性溃疡多呈圆形或椭圆形，底部覆有灰白色或灰黄色渗出物。

2. 胃癌

胃癌早期症状多不典型，易与胃炎及消化性溃疡混淆，胃镜加病理活检可与之鉴别。

3. 功能性消化不良

功能性消化不良有上腹痛、腹胀、早饱、嗳气等症状至少持续4周或在12个月中累计超过12周。常伴有失眠、焦虑、抑郁、头昏、头疼等功能性症状。内镜检查未发现胃及十二指肠有器质性病变，实验室及B超、X线检查排除肝胆胰疾病，无腹部手术史者。

（三）常见并发症

慢性胃炎可并发轻、中度贫血，慢性萎缩性胃炎伴中重度上皮内瘤变（异型增生）可并发胃癌。

（四）中医辨证诊断依据

1. 肝胃不和证

胃脘胀痛或痛窜两胁，嗳气频繁，嘈杂泛酸，舌质淡红，苔薄白，脉弦。

主症：①胃脘胀痛或痛窜两胁；②嗳气频繁；③嘈杂泛酸；④脉弦。

兼症：①胃黏膜急性活动性炎症；②胆汁反流；③舌质淡红，苔薄白。

证型确定：具备主症2项加兼症1项，舌脉基本符合；或主症第1项加兼症2项，舌脉基本符合。

2. 肝胃郁热证

胃脘灼痛，嘈杂泛酸，烦躁易怒，舌质红，苔黄，脉弦数。

主症：①胃脘灼痛；②痛势较急；③烦躁易怒，嘈杂泛酸；④口干口苦；⑤舌质红，苔黄；⑥脉弦数。

兼症：①胃黏膜呈樱桃红色或绛色为主；②黏膜表面干燥，脆性增加。

证型确定：具备主症3项，舌脉基本符合，或具备主症2项和兼症1项，舌脉基本符合。

3. 脾胃虚弱证

胃脘隐痛，喜按喜暖，食后脘闷，纳呆少食，便溏腹泻，四肢乏力，舌质淡红，有齿印，苔薄白或白，脉沉细。

主症：①胃脘隐痛；②喜按喜暖；③食后脘闷；④纳呆少食；⑤便溏腹泻；⑥四肢乏力；⑦舌质淡红，有齿印，苔薄白或白。

兼症：①胃黏膜可见红斑或粗糙不平；②黏液稀薄而多；③胃酸偏低；④脉沉细。

证型确定：具备主症3项加兼症1项，舌脉基本符合；或主症2项加兼症2项，舌脉基本符合。

4. 胃阴不足证

胃脘灼热疼痛，口干舌燥，大便干燥，舌红少津，无苔或剥苔或有裂纹，脉细数或细弦。

主症：①胃脘灼热疼痛；②口干舌燥；③大便干燥；④舌红少津，无苔或剥苔，或有裂纹舌。

兼症：①胃黏膜成颗粒状或血管显露；②胃黏膜干燥，黏液少或胃酸偏低；③黏膜充血水肿或小糜烂；④脉细数或弦细。

证型确定：具备主症2项加兼症1项，舌脉基本符合，或主症1项加兼症2项，舌脉基本符合。

5. 脾胃湿热证

胃脘灼热胀痛，口苦口臭，脘腹痞闷，渴不欲饮，小便黄，舌质红，苔黄厚或腻，脉滑或濡数。

主症：①胃脘灼热胀痛；②口苦口臭；③脘腹痞闷，渴不欲饮；④舌质红，苔黄厚或腻。

兼症：①胃黏膜急性活动性炎症，充血糜烂明显；②小便黄；③脉滑或濡数。

证型确定：具备主症2项加兼症1项，舌脉基本符合。

6. 胃络瘀阻证

胃脘痛有定处，不喜按或拒按，大便潜血阳性或黑便，舌质暗红或紫暗，有瘀点，脉弦涩。

主症：①胃脘痛有定处，不喜按或拒按；②大便潜血阳性或黑便；③舌质暗红或紫暗，有瘀点。

兼症：①胃痛日久不愈；②胃黏膜充血肿胀，伴瘀斑或出血点；③脉弦涩。

证型确定：具备主症2项，舌脉基本符合，或主症第1项加兼症2项，舌脉基本符合。

（五）治疗

1. 一般治疗

（1）精神心理治疗：帮助患者调整精神情绪，确立积极健康的生活态度。

（2）饮食治疗：选择易消化、无刺激的食物，少吃过酸过甜食物及饮料，避免吸烟、酗酒、咖啡、浓茶，忌食煎炸食物和腌制品，进食细嚼慢咽。

2. 中医辨证治疗

（1）分证论治

1）肝胃不和证：疏肝理气，和胃止痛。代表方剂：柴胡疏肝散（《证治准绳》引《医学统旨》方）加减。柴胡10g，白芍15g，郁金10g，川芎6g，香附10g，制半夏9g，炒竹茹10g，炒黄芩10g，陈皮10g，佛手10g，延胡索10g，甘草6g。

中成药：气滞胃痛颗粒（柴胡、延胡索、枳壳、香附、白芍、甘草）1包（2.5g），每日3次。

2）肝胃郁热证：疏肝泄热，和胃止痛。代表方剂：左金丸（《丹溪心法》）或蒿芩清胆汤（《重订通俗伤寒论》）加减。青蒿10g，郁金10g，炒黄芩10g，制半夏9g，炒竹茹10g，浙贝母10g，海螵蛸15g，蒲公英15g，车前草30g，延胡索10g，佛手10g。

中成药：坐珠达西（佐太、寒水石、石灰华、唐古特乌头、肉豆蔻、草果、川木香、诃子、西红花、体外培育牛黄、人工麝香、熊胆等35味）4丸（1g），2～3日1次，研碎后，清晨开水泡服。

3）脾胃虚弱证：温中健脾，益气和胃。代表方剂：香砂六君子汤（《古今名医方论》）和黄芪建中汤（《金匮要略》）加减。党参20g，茯苓10g，炒白术10g，陈皮6g，广木香6g，砂仁（后下）5g，黄芪20g，桂枝10g，白芍30g，生姜6g，炙甘草10g。

中成药：香砂养胃（浓缩）丸（木香、砂仁、白术、陈皮、茯苓、制半夏、醋制香附、炒枳实、豆蔻、姜制厚朴、广藿香、甘草、生姜、大枣）9g或8丸，每日3次。

4）胃阴不足证：养阴益胃，和络止痛。代表方剂：沙参麦冬汤（《温病条辨》）合芍药甘草汤（《伤寒论》）加减。北沙参15g，太子参15g，麦冬15g，生地10g，八月札10g，白芍20g，甘草6g，鸡内金10g，玉竹15g，香茶菜15g，半枝莲15g。

中成药：养胃冲剂（炙黄芪、党参、陈皮、香附、白芍、山药、乌梅、甘草等）1包（5g），每日3次。

5）脾胃湿热证：清热化湿，和胃醒脾。代表方剂：黄连温胆汤（《六因条辨》）加减。黄连6g，黄芩10g，白蔻仁6g，蒲公英15g，生苡仁30，制半夏9g，茯苓10g，厚朴10g，陈皮10g，炒枳壳6g，竹茹10g，苍术10g，甘草6g。

中成药：三九胃泰颗粒（三叉苦、九里香、两面针、木香、黄芩、茯苓、生地黄、白芍）1包（20g），每日2次。

6）胃络瘀阻证：活血化瘀，行气止痛。代表方剂：失笑散（《太平惠民和剂局方》）合丹参饮（《时方歌括》）加减，或经验方脘痛舒。川楝子10g，延胡索10g，丹参20g，炒枳壳6g，炒白术10g，炒白芍15g，制香附10g，广木香6g，郁金10g，蒲公英15g，炙甘草6g。

中成药：胃复春片（红参、香茶菜、炒枳壳等）4片（1.44g），每日3次。

（2）常见症状与对症用药

1）胃脘痛：胃脘胀痛，嗳气频频，情绪不佳则痛作或痛甚者，属胃腑气滞，是因气郁不舒，肝气犯胃所致。药用木香、香附、厚朴、乌药等。胃脘疼痛如针刺感，痛处固定不移，舌质紫瘀者，属胃腑血瘀，是因瘀血内停，胃腑脉络阻滞所致。药选延胡索、蒲黄、五灵脂、九香虫、徐长卿等。胃脘冷痛剧烈，得热痛减，口淡不渴者，属寒邪犯胃，是因寒邪直接损伤胃腑阳气，胃络拘急收缩所致。药用高良姜、香附、干姜、吴茱萸等。胃脘灼热疼痛，消谷善饥，口臭便秘者，属胃火亢盛，是因火热之邪伤津窜络所致。药选郁金、川楝子、八月札、蒲公英等。胃脘隐痛，喜暖喜按，四肢不温者，属脾胃虚寒，是因阳虚生寒，胃络失于温煦所致。可选黄芪、桂枝、附子、白芍、甘草等药，有解痉镇痛之作用。胃脘灼痛隐隐，饥不欲食，舌红少苔者，属胃阴亏虚，是因阴虚津亏，虚火内扰所致。药用玉竹、麦门冬、白芍、甘草等，有缓急止痛，保护修复胃肠黏膜之作用。

2）闷满痞胀：脾胃气虚，气机不运，脘腹以痞满为多，其势较缓，时作时止，按之柔软，服行气药而加重者，药选黄芪、党参、白术、茯苓，佐以行气之药。气滞血瘀，肝胃不和，气滞湿阻，以及湿热蕴结，脘腹以胀闷为多，其势较急，持续而作，按之弦急，类似胃脘痛之胃腑气滞，可投行气消胀之药，如佛手、陈皮、香附、木香、枳壳、大腹皮、沉香、八月札等。

3）食欲减退：湿浊内阻治宜芳香和中，药选苍术、厚朴、藿香、佩兰、薏苡仁、白豆蔻等；中气亏虚治宜补气健胃，可用党参、白术、茯苓、陈皮等。在上述辨证用药的基础上酌加鸡内金、谷芽、麦芽、山楂、六神曲等消食开胃。

4）嘈杂：阴津亏虚，胃失濡润，阴虚生热，内扰胃腑，症见嘈杂而胃脘灼热，饥不欲食，口中干燥，舌红少苔，脉细数等，宜养阴清热。药选北沙参、太子参、麦冬、玉竹、石斛、无花果、黄精等。湿热壅滞，肝胆郁热，横逆犯胃者，症见嘈杂时作，食后即饥，胃脘灼痛，口苦口臭，嗳气泛酸，胸中懊侬，舌红苔黄，脉弦数等，宜清化湿热，或清肝和胃。药选黄连、黄芩、栀子、蒲公英等。

5）嗳气、恶心、呕吐、呃逆：治宜和胃降逆。一般药用旋覆花、代赭石、沉香等，有降逆和胃的作用。如偏热者，症见呕泛酸腐恶臭，嗳气频频，呃声连续，喜寒恶热，心烦口渴等，药用竹茹、代赭石、陈皮、半夏等加入清热和胃方中；如偏寒者，症见呕吐清涎，嗳气低沉，呃声断续，喜热恶寒等，药用半夏、藿香、吴茱萸、丁香、柿蒂、沉香等。

6）泛酸：一般可用乌贼骨、瓦楞子、牡蛎等，有止酸、止痛之作用。凡属热者，泛酸而见嘈杂、心烦、口臭、易怒，多因肝失疏泄，横逆犯胃，肝胃蕴热生酸，药用黄连、吴茱萸、山栀等；凡属寒者，泛酸而见脘胀，喜温喜按，遇冷则症增，多因脾胃阳气伤损，温煦气化失源，阴寒内生，寒湿滞胃，气机壅滞，食积胃中，化腐生酸，药用砂仁、香附、党参、白术等；凡属食者，上泛酸腐，胃中灼热，时伴嗳气，矢气较多，其味腐臭，多因饮食失节，食滞胃肠，生湿化热，积腐生酸，胃气上逆，胃酸泛溢，药用鸡内金、谷麦芽、六神曲、蒲公英等以和肠胃助消化。

7）梅核气：疏肝解郁和胃，化痰开结为主。药选绿萼梅、苏梗、半夏、厚朴、郁金等。如症见咽干口燥，似黏痰梗阻，漱吐难出，大便干结，属肺胃津伤。药选沙参、麦冬、绿萼梅、木蝴蝶、竹茹等。症见胃脘冷痛，嗳气，时感咽部或胸骨后梗阻不适，畏寒，大便溏，属于胃腑虚寒。药用党参、白术、干姜、半夏、厚朴、吴茱萸、绿萼梅等。症见咽干口苦，咽部梗阻，泛呕苦水，嗳气，纳差，胸胁痞满，胃脘灼热，嘈杂，属胆热气逆。药选黄芩、栀子、竹茹、半夏、陈皮、绿萼梅等。症见胃脘灼热胀痛，咽部梗阻感与脘腹痞满胀闷相关，嗳气，口中黏腻，属脾胃湿热。药用苍术、厚朴、藿香、半夏、黄芩、蒲公英、绿萼梅等。

8）出血：止血当为首务，急用止血药物如参三七、仙鹤草、白及、赤石脂、地榆、大黄等。尤其是大黄研粉单味止血，效果卓著。呕血多属火盛，宜清火和胃降逆，药选黄连、黄芩、半夏、旋覆花、代赭石等；大便下血（黑便）多为气虚血瘀，宜补益和络，药选黄芪、党参、白术、槐花等；出血量较大，或出现头晕、面白、汗出、肢冷等气随血脱时，应急投人参以补气固脱止血。

9）消瘦和贫血：宜健脾养胃，培养中焦，补益气阴。一般药选黄芪、太子参、白术、黄精、当归、白芍、阿胶、大枣等。

10）肠化生与上皮内瘤变：一般以气阴两虚为其本，浊瘀热毒为其标，故以益气养阴，化浊行瘀，清热解毒为基本治则。药用黄芪、党参、白术、黄精、玉竹、甘草等益气养阴，丹参、郁金、延胡索、参三七等活血行瘀，蒲公英、黄芩、黄连、香茶菜、白花蛇舌草等清热燥湿解毒。

（六）随访检查

慢性胃炎伴有萎缩、肠化生、上皮内瘤变应定期随访胃镜检查及病理组织学检查。一般认为，不伴有肠化生和上皮内瘤变的萎缩性胃炎可1～2年做内镜和病理随访1次；活检发现中重度萎缩伴有肠化生的萎缩性胃炎6个月左右随访检查1次；伴有低级别上皮内瘤变者，根据内镜和临床情况延长至1年左右随访1次，或根据病情随访。

二、反流性食管炎中医诊疗方案

反流性食管炎是临床常见病、多发病，以反酸、烧心、胸骨后痛、吞咽困难、咽异物感为主要临床表现。本病分属于中医学之“吐酸”“嘈杂”“胸痹”“胃痛”“噎膈”“梅核气”等范畴。发病原因多与邪气侵扰、酒食所伤、情志失调、痰气郁阻、脾胃虚弱、胃阴不足等有关，病机为肝失疏泄，肝胃不和，胃失和降，胃气上逆。病位在食管，涉及肝、脾、胃等脏腑。结合著名脾胃病专家蒋文照教授诊治慢性胃炎的临床经验，参照《胃食管反流病中医诊疗共识意见》（2009，深圳）等，特制定具有蒋文照医学特色的《反流性食管炎中医诊疗方案》。

（一）诊断

1. 疾病诊断

由于反流性食管炎患者临床表现多样，除典型的反流症状外，常伴有食管外症状，所以反流性食管炎的诊断应以患者临床反流症状为基础，结合胃镜、24小时食管pH、食管测压等检查综合考虑。

（1）临床表现：①有典型的烧心和反流症状，且无幽门梗阻或消化道梗阻的证据，临床上可考虑为胃食管反流病。②有食管外症状，又有反流症状，可考虑是反流相关或可能相关的食管外症状，如反流相关的咳嗽、哮喘。③如仅有食管外症状，但无典型的烧心和反流症状，宜进一步了解食管外症状发生的时间，与进餐和体位的关系，以及其他诱因。

（2）相关检查：①胃镜检查是诊断反流性食管炎最准确的方法，有助于确定有无反流性食管炎及有无合并症和并发症。②24小时食管pH监测可证实反流存在与否。③食管测压能反映食管下段括约肌的屏障功能。

2. 病名诊断

中医病名常根据患者的主症来确定，本病的主症为烧心、反酸、胸骨后灼痛不适、咽部不适或异物感等，因此本病可分别属于中医学“吐酸”“食管瘅”等病范畴。

3. 证候诊断

（1）肝胃郁热证

主症：①烧心；②反酸；③舌红苔薄，脉弦数有力。

兼症：①胸骨后或胃脘灼痛；②心烦易怒；③大便干结，小便短赤；④口干口苦。

（2）肝气犯胃证

主症：①反酸，每遇情志刺激复发或加重；②淡红苔薄白，脉弦。

兼症：①呃逆或嗳气；②恶心；③胸骨后疼痛牵及两肋。

（3）脾胃湿热证

主症：①烧心；②反酸；③舌红苔黄腻，脉滑数。

兼症：①胸骨后或胃脘痛；②口中黏腻；③大便不爽或黏腻；④口干口苦。

（4）气郁痰阻证

主症：①反酸；②胸咽不适或梗塞感；③舌淡红、苔薄白腻，脉滑。

兼症：①嗳气；②胃脘胀满；③大便不调。

（5）脾虚气滞证

主症：①烧心；②反酸或吐清水，嗳气则舒；③舌淡，边有齿痕，苔薄白，脉弦细。

兼症：①胸骨后灼痛；②胃脘胀满；③大便溏薄或虚秘；④食欲不振，食则易饱；⑤身倦乏力。

（6）胃阴亏虚证

主症：①烧心；②反酸；③饥不欲食；④舌红少津，有裂纹，苔少或剥，脉细数。

兼症：①胸骨后或胃脘隐隐灼痛；②口咽干燥，或五心烦热；③饥不欲食；④大便干结。

（二）辨证论治

1. 肝胃郁热证

治法：清肝泄热，和胃降逆。

方剂：蒿芩清胆汤加减。

药物：青蒿、黄芩、姜半夏、姜竹茹、郁金、海金沙、八月札、蒲公英、车前草、浙贝母等。

2. 肝气犯胃证

治法：疏肝理气，和胃降逆。

方剂：柴胡疏肝散加减。

药物：柴胡、白芍、香附、姜半夏、姜竹茹、浙贝、炒黄芩、沉香、佛手片、绿梅花等。

3. 脾胃湿热证

治法：清热化湿，理气和胃。

方剂：三仁汤加减。

药物：杏仁、白蔻仁、薏苡仁、芦根、姜半夏、姜竹茹、浙贝、蒲公英、车前草等。

4. 气郁痰阻证

治法：开郁化痰，降气和胃。

方剂：旋覆代赭汤加减。

药物：旋覆花、代赭石、木蝴蝶、姜半夏、姜竹茹、浙贝母、沉香、绿梅花等。

5. 脾虚气滞证

治法：健脾益气，理气和胃。

方剂：补中益气汤加减。

药物：黄芪、党参、白术、升麻、柴胡、枳壳、佛手、绿梅花、藿香、佩兰等。

6. 胃阴亏虚证

治法：益气养阴和胃。

方剂：益胃汤加减。

药物：太子参、麦冬、玉竹、郁金、生谷芽、姜半夏、姜竹茹、炒黄芩、佛手花、绿梅花、无花果、石斛等。

（三）预防调摄

1. 情志调摄

保持心情舒畅尤为重要，宜疏导患者树立积极乐观的心态，及时调节好心情，以利疾病早日康复。

2. 饮食宜忌

（1）对肥胖患者要控制饮食，平衡营养，尽快减轻体重，减少高脂肪膳食的摄入。

（2）忌食咖啡、巧克力、薄荷等食物。

（3）禁烟、酒。

（4）避免进食过冷、过热及甜酸辛辣等刺激性食物，以防疼痛症状加重，导致病情反复。

3. 起居调摄

（1）由于反流易发生在夜间，睡眠时应抬高床头（15～20cm）。

（2）睡前不进食或晚餐与入睡的间隔不得少于3小时。

（3）每餐需处于直立位或餐后散步，借助重力促进食物排空，避免剧烈运动。

（四）疗效评定

1. 疗效评定条件

（1）症状、舌象、脉象的改变。

（2）病情稳定的时间。

（3）理化检测指标（如胃镜、24小时食管pH、食管测压等）。

（4）参考体征、症状的改变，如体力、面色、神色、食欲等。

2. 疗效评定标准

（1）痊愈（近期临床治愈）：证候全部消失，半年至1年内不复发，相应的主项理化检查基本恢复正常或有好转，参考症状及体征恢复如常人。

（2）显效：主要证候消失，半年至1年内不复发，相应的主项理化检查好转，参考症状、体征改善。

（3）好转：主要证候基本消失，半年至1年内虽有发作，但烧心、反流程度减轻，持续时间缩短，相应的主项理化检查改变不大。

（4）无效：主要证候无变化，相应的主项理化检查无改变。

三、溃疡性结肠炎中医诊疗方案

溃疡性结肠炎是原因不明的大肠黏膜的慢性炎症和溃疡性病变，临床以腹泻、黏液脓血便、腹痛、里急后重为特征，属中医学“泄泻”“痢疾”“肠澼”等范畴，其中慢性复发型又属中医学“休息痢”范畴，慢性持续型属中医学“久痢”范畴，为消化内科的常见疑难病。本病多因外感时邪、饮食不节（洁）、情志内伤、素体脾肾不足所致，基本病理因素有气滞、湿热、血瘀、痰浊等。本病病位在大肠，涉及脾、肝、肾、肺诸脏。湿热蕴肠，气滞络瘀为基本病机；脾虚失健为主要发病基础；饮食不调、情志不畅是主要发病诱因。本病多为本虚标实之证，活动期以标实为主，主要为湿热蕴肠，气血不调；缓解期属本虚标实，主要为正虚邪恋，运化失健，且本虚多呈脾虚，亦兼有肾亏。结合著名脾胃病专家蒋文照教授诊治溃疡性结肠炎的临床经验，参照中华中医药学会脾胃病分会制定的《溃疡性结肠炎中医诊疗共识》（2009）和《溃疡性结肠炎中西医结合诊疗共识》（2010，苏州）等，特制定具有蒋文照医学特色的《溃疡性结肠炎中医诊疗方案》。

（一）诊断

1. 疾病诊断

（1）临床表现：有持续或反复发作的腹泻，黏液脓血便伴腹痛、里急后重和不同程度的全身症状，病程多在6周以上。可伴有关节、皮肤、眼、口腔及肝胆等肠道外表现。可分为初发型、慢性复发型、慢性持续型和暴发型四个临床类型。

（2）相关检查：①结肠镜检查发现一个以上的下述表现：黏膜易脆、点状出血、弥漫性炎性糜烂、溃疡；②钡剂检查发现溃疡、肠腔狭窄或结肠短缩；③黏膜组织学改变：活动期炎性细胞浸润、隐窝脓肿、杯状细胞缺失；缓解期隐窝结构异常（扭曲分枝)、隐窝萎缩。

2. 病名诊断

根据本病临床表现特点，可归属中医学“休息痢”“久痢”“肠澼”等范畴。

3. 证候诊断

（1）大肠湿热证

主症：①腹痛，腹泻，便下黏液脓血；②舌质红，苔黄腻，脉滑数。

兼症：①大便黏腻不爽，或里急后重；②肛门灼热；③口干口苦，口臭。

（2）脾虚湿盛型

主症：①大便溏薄，黏液白多赤少，或为白冻；②舌质淡红，边有齿痕，苔白腻，脉细弱或濡。

兼症：①腹痛隐隐；②神疲倦怠乏力；③纳食不振。

（3）肝脾不调证

主症：①腹痛即泻，泻后痛减；②常因情志或饮食因素诱发大便次数增多。

兼症：①大便稀溏，或黏液便；②情绪抑郁或焦虑不安；③食少腹胀；④舌淡红，苔薄白腻，脉弦细。

（4）寒热错杂证

主症：①腹痛，腹泻，大便夹有黏冻，反复发作；②舌质红，或舌淡红，苔薄黄。

兼症：①遇冷腹痛腹泻加重；②四肢不温；③口渴、口苦；④脉弦细。

（5）阴血亏虚证

主症：①排便困难，粪夹少量黏液脓血；②舌红少津，少苔或无苔，脉细数。

兼症：①腹中隐隐灼痛；②五心烦热或午后潮热、盗汗；③口咽干燥。

（6）脾肾阳虚证

主症：①久泻不止，夹有白冻，甚则完谷不化，滑脱不禁；②舌质淡胖，或有齿痕，苔薄白润，脉沉细。

兼症：①遇腹痛喜温喜按；②四肢不温；③腰膝酸软；④食少纳差。

（二）辨证论治

1. 大肠湿热证

治法：清热化湿，调气行血。

方剂：芍药汤加减。

药物：黄芩、黄连、木香、地锦草、白术、白芍、山药、米仁、大黄炭、地榆炭、仙鹤草、绿梅花、佛手花等。

2. 脾虚湿盛证

治法：益气健脾，化湿助运。

方剂：参苓白术散加减。

药物：党参、白术、茯苓、山药、米仁、地锦草、藿香、佩兰、厚朴花、绿梅花、马齿苋等。

3. 肝脾不调证

治法：疏肝理气，健脾和中。

方剂：四逆散合痛泻要方加减。

药物：柴胡、白术、白芍、防风、米仁、山药、地锦草、厚朴花、绿梅花。

4. 寒热错杂证

治法：辛开苦降，寒热并治。

方剂：半夏泻心汤加减。

药物：姜半夏、黄芩、黄连、木香、白术、白芍、防风、厚朴花、马齿苋、仙鹤草等。

5. 阴血亏虚证

治法：滋阴清肠，养血宁络。

方剂：增液汤加减。

药物：生地、玄参、麦冬、黄连、木香、山药、地锦草、防风、无花果、黄芩炭、地榆炭、槐米炭、仙鹤草、绿梅花等。

6. 脾肾阳虚证

治法：健脾补肾，温阳化湿。

方剂：黄芪建中汤合四神丸加减。

药物：黄芪、桂枝、白术、白芍、补骨脂、吴茱萸、肉豆蔻、芡实、厚朴花、绿梅花、焦山楂、马齿苋等。

（三）预防调摄

1. 精神调摄

在药物治疗的同时，与患者积极沟通，消除紧张情绪，建立战胜疾病的信心。

2. 饮食调养

患者饮食宜易于消化且富有营养，同时要有规律，戒烟酒，忌食生冷、辛辣、肥甘厚腻食品。

（四）疗效评定

1. 疗效评定条件

（1）症状、舌象、脉象的改变。

（2）病情稳定的时间。

（3）相关检查指标（如结肠镜、组织学检查等）。

（4）参考体征、症状的改变，如体力、面色、神色、食欲等。

2. 疗效评定标准

（1）痊愈（近期临床治愈）：证候全部消失，半年至1年内不复发，相关检查基本恢复正常或有好转，参考症状及体征恢复如常人。

（2）显效：主要证候消失，半年至1年内不复发，相关检查好转，参考症状、体征改善。

（3）好转：主要证候基本消失，半年至1年内虽有发作，但腹痛、腹泻程度减轻，持续时间缩短，相关检查改变不大。

（4）无效：主要证候无变化，相关检查无改变或加重。

第六章 桃李天下

蒋老承担了各专业专本科学生、硕士学位研究生及进修生、函授生等的教学任务，作为首批全国老中医药专家学术经验继承工作指导老师，指导带教学术经验继承人，可谓桃李满天下。

第一节 编写函授教材

蒋老在从事中医药函授教学与管理工作时，负责编写“中国医学史”“黄帝内经”“金匮要略”“中医诊断学”“中医内科学”“中医妇科学”“中医儿科学”等函授讲义7种14本，深受师生们的好评。1964年蒋老编写了用于海外学生的中医函授教材《医经》，学术委员会认为，该教材符合教学要求，内容完整，深入浅出，选择原文恰当，词解简要易懂，解释详细精确，不论医理和文理都较好，是基础课教师备课的重要参考资料，对提高教学质量帮助亦大。该教材已送达相关部门，但未出版发行，诚为憾事。

第二节 详析各家学说

蒋老对中医各家学说非常重视，认为对中医的临床有重要的指导意义，他对各家学说进行了详尽的解读，兹选录蒋老的手稿如下。

一、关于各家学说的性质问题

各家学说的性质主要是继承古代医家的经验与理论问题。

（1）中医各家学说课程是接受前辈的理论和经验，是理论与经验相结合的课程。其中，既有基础理论的内容，又与临床密切相关，也包括临床实践的大量内容（内、外、妇、儿、针灸、推拿、辨证治疗用药等）。所以，它不只属于基础理论的范畴，同时也是临床范围中必不可少的内容，包括像张仲景、刘河间、李东垣、叶天士、吴鞠通等在基础理论方面有所建树的医家，同时，这些人又都是有丰富的实践经验的临床家。

什么是学说？简而言之，其是由经验上升为理论的东西，我们学习这些理论和经验，虽然是间接的经验，但它是通过各个医学家不断研究总结，由感性知识上升为理论知识的东西，所谓中医学内容也是如此，也是最重要的部分。

然而中医学存在一个问题，即所谓理论的问题和科学性的问题。

有人提出中医学只是经验医学，而无理论，这显然是错误的看法。若是单纯的、经验的自然科学，它将随着科学的不断发展而被自然淘汰，而祖国医学却经历了2000多年而不受影响，正是因其具有一整套的理论，使医者在其指导下从事医疗。而这些理论又经受了实践的考验。

例如，世界卫生组织把传统医学分成五个部分：亚洲医学、欧洲医学、阿拉伯医学、美洲医学、非洲医学。我国医学是亚洲医学的一部分。极大多数传统医学由于没有上升为理论，故而消失了或处于濒临灭绝的阶段。如印度传统医学趋于灭亡，其原因是没有上升为理论。而中医正在欣欣向荣，这是因其有自己的理论体系，不仅是经验，而且其理论已成为一个体系，所以具有旺盛的生命力。

从近代看，人们往往把世界的传统医学分成几个地区性的系统：如亚洲系统、非洲系统、欧美系统等，而中医则是亚洲系统的一个部分。如今世界上绝大多数的传统医学基本上绝传了，只有中医方兴未艾，只因为它是从感性上升为理性，有其自己的理论体系，指导着医学的临床实践，有着强大的生命力。

从本质上看，大量客观事实证明，中医学有其优越性，如脏腑学说认为一个脏腑有多种功能，这是如今被广大医学家所一致公认的。如1968年一位外国医学专家发表文章指出：凡有肾脏病变的患者，绝大多数有不同程度的听觉功能障碍的现象（症状）。这证明了“肾开窍于耳”的理论实践。

（2）祖国医学有几千年的悠久历史，（在长期和疾病做斗争的过程中）通过大量的实践，使祖国医学的理论与实践不断丰实提高。一些医家继承了前人的理论与经验又补充了以前一些医家的不足，纠正了前人的偏见，建立了自己一整套新的理论，发展了前人的理论，充实了临床辨证论治的内容。我们了解各个医家不同学术思想的渊源（学术思想、学术成就、学术渊源）、师承关系和演变，如李东垣之师承王好古，张子和私淑河间火热之论，朱震亨自传河间之学，尤在泾传自李中梓之学，可以为我们所借鉴（古为今用），用他们已经取得的成就来指导提高中医理论是进一步发展研究祖国医学的动力。

所谓“家”，就是学术上有所专长（某一方面有突出的成就才能够称为“家”），各家学说即是指历代在中医学中某些方面有所专长的人物及其学术观点、成就，使我们通过学习而受到启发，进一步提高我们的学术水平。

（3）各家学说具有较强的科学性与理论性，是祖国医学在发展中的重要组成，但又不是单一的学术发展脉络，虽然各个医家都是历史人物，在中医的发展中起着承前启后的作用，但是，重点不是研究其发展的原因、条件，而是阐发其学术观点和思想，侧重在祖国医学的理论与临床上。因此我们通过学习，应当掌握其学术思想，汲取他们的经验和教训，以利于正确地从事祖国医学的理论研究和临床实践。

所谓学说，既由经验上升为理论。尽管经验是直接或是间接获得的，然而均是通过医学家们的不断总结、提高，由感性上升而为理性认识的东西，是中医学的重要部分。科学发展的一般规律是：单纯经验的东西是局限的，会因跟不上时代发展的脚步，随着科技时代的不断进步，而被历史所淘汰。而中医学则是由感性认知而形成的理论体系，是被历史实践所证明的、行之有效的一门科学。

二、为什么要学习中医各家学说

（1）中医药学书籍浩如烟海，据最近不完全统计，中医古籍超过一万种以上，但概括起来不外乎“理、法、方、药”四大方面。一般认为，只重视方药而忽视理论是非常片面和不正确的，而各家学说是通过理、法、方、药的运用而体现的，如果抽掉各家学说，理、法、方、药的运用不可能概括得如此全面，对祖国医药学宝库的发掘也必有妨碍，所以必须学好各家学说，这对学习中医大为有利。

（2）学习中医各家学说是学习中医的一个深化和提高的过程，即是在较全面地掌握中医基本理论及有一定临床实践的基础上，使学过的知识得到进一步扩大和深入，加深对一些问题的理解，具有提高认知的作用，扩大眼界。所谓学医，要“穷论善治，采及百家”，否则对所学的知识也会一知半解，成为无源之水，无根之木。对中医各家学说的学习至少有以下四点好处。

1）有利于扩大知识面，为深入研究中医（引路）开拓思路。

2）有利于理论与临床进行更广泛的贯通结合（其结合方式通过各个医家的阐发而对后世有所改变）。

3）有利于学术思想的活跃和开展（各个医家有自己的独特经验和理论，如有的以轻灵之品取胜，如李东垣用药量非常轻，轻可去实，而现在有的医生超大剂量用药，也不一定治好病；有的用补法；有的用攻法；有的善用汗、吐、下；学习之后可以活跃思想、打开思路，使其在临床上能灵活运用）。

4）了解中医学术思想的发展，提供了有益的借鉴，有利于发扬中医特色，提高医疗质量。

三、怎样学习中医各家学说

祖国医学是一个伟大的宝库，到底有多么伟大？有什么内容？具体地讲为四个字：理、法、方、药。把理、法、方、药有系统地、有条理地反映出来，在原有基础上学习各家学说，也是探讨、研究、发掘祖国医学的开拓工作。那么，如何才能学好？

（1）要对经典著作作进一步学习，打下一定的基础。（每个古代医家在发表自己学术观点时，都有很好的掌握古典医著的基础。）

（2）要对历代医家的学说有个比较全面的了解。（要掌握其主流，也要了解其支派。）

（3）不要从现象上去认识医家，而要从本质上去了解各个医家的指导思想。（从师承关系去分析考虑）。

（4）一定要看多个医家的医著，特别是代表性的著作非看不可（掌握程度：要对多个医家的主张、观点、影响扼要地论述）。

（5）各个医家的多种学说、观点之间，有一定的相互联系，要善于比较、分析，其相同在什么地方，不同在什么地方？（也可作为一种布置性作业。）

（6）要学好中医各家学说，必须重视以下4个方面。

1）对于中医的基础理论《黄帝内经》《难经》《神农本草经》《伤寒论》《金匮要略》等经典著作具备一定的基础，因为医家在发挥其学说时，往往以此为依据。

2）对于各家及多流派，必须做到全面了解，并掌握其学说的中心思想和内容，以及发展概况。

3）要了解各个医家或学派、学说的指导思想，在这个基础上，通过分析其不同的演变和发展，能够知道其师承关系的必须弄清师承关系，无师承关系的则就其内容进行分析，因为任何一种学说的产生和发展都不是凭空而来的，有一定的渊源，受一定的学术思想和观点影响（如朱丹溪同时受到河间、张元素、李东垣三人的影响。所以朱丹溪的学术思想中既有刘河间的，又有张元素、李东垣的思想，朱丹溪虽不是刘河间的弟子，却可以说是间接弟子，河间的弟子有荆山浮屠、罗知悌，因罗知悌又接受了张元素、李东垣的学术思想而传给朱丹溪，故丹溪的学术思想三者皆而有之）。

4）应当对各个医家的著作，尤其是各家学说的主要原著，进行了解和掌握，如果有条件和时间，应当多阅读一些，没有条件，也应当对主要著作进行学习和了解。如朱丹溪的著作不少，如《素问纠略》《本草衍义补遗》《局方发挥》《格致余论》《金匮钩玄》《丹溪医案》《丹溪脉因证治》《丹溪心法》等，反映其学术思想观点的《格致余论》，尤其是其中的“相火论”“阳有余阴不足论”，必须读一读，因为反映其学术思想较突出，可对其学术思想有进一步的理解和认识；还有像李杲的《内外伤辨惑论》《脾胃论》应当读一读（其他则可以泛览。如鲁迅先生看书，喜看序言、题，这样大致反映了这些书的内容，所谓开卷有益就是这样，但要抓住重点）。

四、祖国医学理论体系的形成和确立

中医学理论体系的形成和确立可以从三个方面加以阐明。

1. 古代医药学的变迁

科学理论的确立，无不是人们通过反复的生活、生产和科学实践，再从反复的认知中得出的正确理性结论。所以祖国医学理论体系的形成，就是随着社会的发展，通过历代劳动人民在长期与疾病做斗争的医疗实践过程中总结出来的丰实经验。

根据孔疏《曲礼》（《礼记·曲礼》）中有“医不三世，不服其药”之说（孔疏《曲礼》是三礼之一，三礼为：仪礼、礼记、周礼。该文出自《礼记·曲礼》下篇。“君有疾饮药，臣先尝之，亲有疾饮药，子先尝之，医不三世，不服其药”）。

古书之所谓“三世医学”是指《针灸甲乙经》《素女脉诀》《神农本草经》。从伏羲制九针的传说到《针灸甲乙经》，由黄帝岐伯论经脉的传说到著成《素女脉诀》，由神农尝百草到《神农本草经》。

后世对“三世医学”解释有二：一是认为医之为术，苟非祖、父、子孙传业相承至三世，则术无自而精，故药不可服；二是认为三世者，即为三书：《针灸甲乙经》《素女脉诀》《神农本草经》，为医者，不习此三世之书，医术未精，不可服其药（此说为有理）。

从历史的发展过程来看，传统的神农、黄帝均处于新石器时代（黄帝民族相当于我国仰韶文化，4000～5000年前的氏族）。虽然《黄帝内经》假托于人，所谓黄帝、神农皆是假托，因古代皆是厚古薄今的。实际上指氏族较为合理，正如《淮南子·修务训》曰：“世俗之人，多遵古而贱今，故为道者，必托于神农、黄帝而后能入说。”“素女”传说为古代善治养生术的神女，因此研究脉学则托而言之。《针灸甲乙经》是指针灸，《神农本草经》是指药物，《素女脉诀》是指诊断，这是最早的医学记载和传说（《礼记·曲礼》中记载的三世医学是最早的医学），但这里是看不出医学流派的。至《汉书·艺文志》，载医经七家：《扁鹊内经》《扁鹊外经》《白氏内经》《白氏外经》《白氏旁篇》《黄帝外经》《黄帝内经》（现在只能看到《黄帝内经》18卷），将中医分为医经、经方两家，可以说这是医学流派的开始。

从以上的历史记载可以看出，远古时期的医学已进入由实践上升为理论的萌芽阶段，而医经、经方两家进一步发展，成为后世医学流派的起源。

现存的《黄帝内经》以针灸的内容偏多（如《灵枢》主要是经络、针灸）；《素女脉诀》是以经络为基础，均是以中医理论而侧重经络方面，因其内容有共同之处，很可能合为汉以前的“医经家”。《神农本草经》是研究药物，经方也是单方与验方，很可能神农本草发展为后世的经方派，从单味、单方到复方，此是必然的发展过程，随着临床经验的丰富，经验方的增多，故此可形成“经方”一派（《灵枢》之名，隋书中始发现）。

谢利恒在其《中国医学源流论·医学变迁》中提出：“其传承派别可以

推见者，华元化为《针灸甲乙经》一派，仲景为《神农本草经》一派，秦越人为《素女脉诀》一派。仲景之师，元化之弟子，皆著见于载籍。”当然这只是一种说法，但可以看出，三世医学对后代医学（家）的发展肯定是有影响的，我们并不主张以此分为三派，但可以说明汉代医学的源流已经形成。形成各门学说的延续（流传）方式，不外心法口传和文献流传两种。

从历史上来看，医学的流传方式一般都是心法口传，这时（汉代）传授关系很明显，如扁鹊从师于长桑君、太仓公淳于意从师于公乘阳庆（公孙光），但魏晋之后医家师承传授关系变得不再明显；但在医籍简编百缀辑方面，仍大有人在，主要靠文献流传的阻力很大，原因有三（因为魏晋到唐这段时间保守思想很严重，如孙思邈著《备急千金要方》时已90岁出头了，但尚未看到《伤寒论》）：①保守观念（孙思邈时代有“江南诸师，秘仲景要方不传”）；②科学交通不发达（如孙思邈90余岁时尚未见到《伤寒论》，一直到著《千金翼方》时近100岁，此时才看到《伤寒论》，故翼方中能看到伤寒方）；③战乱频繁：此时重儒轻医（医者为小道），如张仲景如此伟大的医家在历史上做出重大贡献的人物，却无传记。

直至北宋、金元以后，“学术争鸣，流派各树”，学术思想活跃，成为学派争鸣的鼎盛时期。金元四大家就是此期。

2. 理论体系的确立

祖国医学在漫长的历史发展过程中，其所以能指导临床，就是由于其有独特的、系统的、较为完整的理论体系，自先秦至东汉末年，《黄帝内经》《难经》《神农本草经》《伤寒杂病论》这四部医学古籍的相继诞生，就标志着祖国医学理论体系的确立，因为这四部著作代表理、法、方、药的完整性。

这个理论体系简而言之，即理、法、方、药，深而言之，具有脏腑学说、经络学说、病因学说、病机学说、诊法学说、辨证学说、治则学说、方药学说、针灸学说、摄生学说十大部分，就是中医理论体系的组成部分（也可说尚有运气学说，那就是十一个大部分）。

值得指出的是，这样一个古代传统医学，为什么能不断发展而形成独特的理论体系呢？为什么2000多年来直至今天仍对人类的医疗保健事业做出贡献并拥有强大的生命力呢？这正是因为祖国医学理论贯穿着朴素的唯物论和辩证法的思想（中医理论的特点就有了，就是朴素的辩证法和唯物论，中医的精气学说、阴阳五行学说反映了唯物与辩证）。

3. 医学流派的创立和发展

从前有一种提法，认为“门户之分（医之门户）于金元”（《四库全书》纪晓岚“儒之门户分于宋”），即是说医学流派之创立是从金元开始，亦即指金元四大家或河间、易水学派。诚然金元四家各树一帜，可以称为流派，但是否流派即产生于金元？值得商榷。把流派产生的时间，上推至汉，认为从汉代即已有学术流派的形成，是有一定的道理。

由于中国早期的社会变化比较急剧，东周激烈的兼并战争（主要是宗族问题）使社会发生巨大变化，宗族制度（有若干个氏族结合起来的血缘集体，又称大氏族）受到很大破坏，代之“宗族”而起的是“家族”制度逐渐兴起（所谓家天下）。在这样的社会环境中，诞生了很多创造性的学术思想。

儒家：崇奉孔子学说的主要学派，崇尚孔乐和仁义，提倡中庸之道。

阴阳家：战国时提倡阴阳五行说的一个学派。代表人物：邹衍等。

道家：以先秦老子、庄子关于道的学说为中心的学术派别，称为道德家。

墨家：创始人墨子，战国时的主要学派，为儒家的反对派。

名家：以学有专长而命为一家，称名家（邓析子、尹文子、惠子、公孙龙等）。

纵横家：战国时从事政治、外交的谋士，称纵横家。

杂家：战国末和汉初折衷、杂糅多学派思想的部分学者，称杂家（兼儒、墨、合名、法的特点）。

农家：反映农业生产和农民思想的学术派别。

法家：战国时的一个重要学派，要求巩固封建土地所有制，建立统一的君主国家。“各当时而立法，因事而制礼。礼法以时而定，制令各顺其宜”。

当时主要是九个大流派：儒家、阴阳家、道家、墨家、名家、纵横家、杂家、农家、法家（又称九流）。此外，天文、地理（《山海经》）、农学、制器、技术、军事、艺术（《韩非子》）及医学（《灵枢》《素问》）都在发展。

所谓学派的成立，必有其内在的联系，否则不可以学派言之。而内在之联系，主要是“师承授受或私淑”，以承其说而光大之。这也是医学流派发展的条件。

春秋扁鹊（秦越人），其师长桑君，特以诊脉为名。淳于意（仓公）跟师公乘阳庆学医，他以五色诊病，知人死生。其学生有高期、宋邑、王禹、冯信、唐安等（说明他们都有师承授受关系，也有私淑的关系）。与淳于意同时还稍早一些的公孙光，他对古经方很有研究，说明师承或私淑也是医学流派发展的条件和内在的联系。

医学流派创立于战国至汉，而后至金元医学流派从南北两方崛起。北方的主要是河间、易水学派；南方的主要是伤寒与温病学派；后至明、清，由于西方医学的传入，又有中西汇通学派的产生，形成了医经学派、经方学派、河间学派、易水学派、伤寒学派、温病学派、汇通学派七大流派。

从以上七个流派情况来看，医经一派是阐发祖国医学理论基础的中坚，对基础理论体系的确立发展做出了巨大贡献。

经方一派善于总结临床经验，通过反复临床实践，许多经验方流传下来，丰富了祖国医学的这一宝库。金元时期诞生于北方的河间与易水学派专门发挥病机学说，河间一派重在病因病机，侧重外感；易水一派重在脏腑病机，侧重内伤。

南方的两派（两大学派）重在研究辨证，伤寒学派采用六经辨证，温病学派习惯于卫气营血、三焦辨证。

汇通学派的时间较短，一直处于摸索阶段，有一点是可以称道，就是思想进步，接受西方医学科学的观点有所不同，总体来说向前看。

五、各家学说的争鸣在祖国医学发展中的贡献

由于历代医学家的不断产生，各个不同学术流派的形成，在学术上进行百家争鸣，也就促使祖国医学的不断发展，在医学领域内开辟了广阔的天地，而且一批又一批地取得了丰硕的劳动成果，“筛选出来了一些优良的种子”。这不仅在我国整个医学史上写下了光辉的一页，在我国文化事业上留下了宝贵的遗产，而且也是世界医学的发展，充实了丰富的学术内容。由于我国的文化发展历史较为悠久，所以我国医药学术的发展，也具有完整的传统特点。乃至近代，它仍然具有自成的体系。说明这一理论体系，是经历了历史的反复检验，不断地得到充实和提高，逐步成长和完善而来的。这既是祖国医学科学性的历史见证，也是各个学派，各个医家共同努力所带来的丰硕成果。

自东汉末年祖国医学的理论体系基本形成之后，历代医家的学术理论，

无不以《黄帝内经》《难经》《神农本草经》《伤寒论》等几部经典医籍为依据，从以上的各个医学流派的演变情况，可以看出祖国医学的不断发展是各家学术的互相争鸣、互相影响和彼此促进的结果。

（1）各医家有的吸取其中有关部分材料，为之“归纳”“演绎”成为某一“专门学说”，如皇甫谧《针灸甲乙经》、王叔和《脉经》等。

（2）有的汲取其中的学术思想，结合其临床经验，并有所发挥，自成一家之言者，如河间学派、易水学派等。

（3）再就是师承传授，既学有师承，又有发挥自成一说者，如李东垣学于张元素之门，演变为“补土”一派；张子和私淑河间，演变成“攻下”一派即是。

中医理论体系，就是在历代医家的学术争鸣中不断地发展、充实和提高。

第三节　解惑经典理论

《难经》是继祖国医学经典著作《黄帝内经》之后的又一部重要古典医籍，是对《黄帝内经》学术理论做进一步充实和发挥的医学文献。《黄帝内经》《难经》都属于较早期的作品，文辞古奥，意义广博。《难经》采摭了《灵枢》《素问》的精要，以问答体裁，解释经文的疑义，辑为八十一难。《难经》成书既早，又有阙文错简，而历代注解亦多文言诠释，这使得学习它就会有一定困难。蒋老对《难经》部分内容进行了诠释，兹予选录，以飨读者。

一、《难经》的历史渊源

《难经》相传为战国时期秦越人所撰。唐代杨玄操在《集注难经》序里说：“黄帝八十一难经者，斯乃渤海秦越人所作也，越人受桑君之秘术，遂洞明医道，至能彻视藏府，刳肠剔心，以其与轩辕时扁鹊相类，乃号之为扁鹊。”其后如吕复、王祎、李子野、冯承烈等大体上都是这样认识。

《难经》首见于记载的史书为《隋书·经籍志》，其中有“黄帝八十一难二卷”的记载。最初在医学典籍上有记载的，为汉代张仲景的《伤寒论》。《伤寒论》自序提到“撰用素问九卷，八十一难”。也有人提出疑问，认为像《史记》这样的史书里为什么没有《难经》的记载呢？对于这个问题，元代滑寿在《难经本义》自序里说："《难经》相传为渤海秦越人所著而《史记》不载，隋唐书经籍艺文志，乃有秦越人黄帝八十一难经二卷之目，岂其时门人子弟，私相授受，太史公偶不及见耶，考之《史记》《正义》及诸家之说，则为越人书不诬矣。"这就说明滑寿认为《隋书·经籍志》《唐书·艺文志》都有《黄帝八十一难经二卷》之目，由此可知，自古传说《难经》即为秦越人所作，是有所根据的。

也有人认为《难经》是黄帝岐伯所作，如皇甫谧说："黄帝命雷公岐伯论难为《难经》。"又如《太平御览》引《帝王世纪》说："黄帝有熊氏命雷公、岐伯论经脉，傍通问难八十一为《难经》。"另外，也有人认为《难经》是伪托之书，如姚际恒认为其为六朝时人的伪撰。我们认为，《难经》的真正作者是谁无须穷考，从它的内容来看，它在历史上的价值与对中医学上的贡献是我们应探索和学习的。

《难经》是一部"问难"和"解释疑难"的书。历代医家对此书的书名有多种的解释，虽不尽同，但总的还是既包含了"问难"，也具有解答疑难的双重意义在内。

《难经》的注释者比较多，仅从《中国医籍考》里就可以查到很多的《难经》注本的书名，但很多注释本已经散佚。如三国时期吕广所注的《黄帝众难经》，唐杨玄操的《黄帝八十一难经注》，都是较早的注本，以后几乎历代都有注本，如宋代丁德用的《难经补注》、虞庶的《注难经》、周与权的《难经辨正释疑》、王正宋的《难经疏义》、庞安时的《难经解义》；金代纪天锡的《集注难经》、张元素的《药注难经》；元代滑伯仁的《难经本义》、谢缙孙的《难经说》、袁坤厚的《难经本旨》、陈瑞孙的《难经辨疑》；明清有王九思等集录的《难经集注》、黄元御的《难经悬解》、戴震的《注难经》、唐千顷的《春秋本难经注疏》、唐秉钧的《内经要语》；近人张山雷的《难经汇注笺正》等。

这些注释本，早年的很多已散佚，一般认为元代滑伯仁所著的《难经本义》是一本较好的注本。正如徐大椿所评说的："难经注释，其著者不下十余家，今散亡已多，所见者仅四五种，语多支离涩晦，惟滑氏《难经本义》最有条理。"明代王九思等所集辑的《难经集注》，其将吕广（博望）、杨玄操等的注解集录，彼此参证，也是一本值得参考的注本。

二、《难经》的主要内容和学术成就

《难经》全书共八十一章，分别对脉法、经络流注、营卫三焦、气血盛衰、脏腑诸病、荥俞经穴、用针补泻，进行了比较深入的阐述，为后世诊断、病理、经络、针灸等学术的发展起了积极推动的作用。

“八十一难”的内容非常丰富，其中尤以发挥经脉的内容为多，而经脉之中又以发挥脉法最有成就。司马迁说：“至今天下言脉者，由扁鹊也。”对《难经》在诊脉上的巨大贡献加以肯定。《难经》在脉诊部位的阐述是有创新精神的，它首次提出“独取寸口”之说，至今为临床所习用。《难经》在诊脉的轻重指法上的论述也是心裁别出的，它以菽法来权取脉的轻重，实乃后世浮中沉分别察脉的先河。

《难经》在经络方面，提出了阳络为阳之络，阴络为阴之络，也是络脉上的创见。它还提出“八会”即腑会太仓、脏会季胁、筋会阳陵泉、髓会绝骨、血会膈俞、骨会大杼、脉会太渊、气会三焦外一筋直两乳内也。这对后世治疗疾病运用穴位都有很大的启发。《难经》还详细描述了奇经八脉的循行方向和起点，同时强调指出了奇经八脉和十二经脉在生理功能上的异同，对《黄帝内经》学说作了发挥。

《难经》在预防医学的理论上，提出了“上工治未病……所谓治未病者，见肝之病，则知肝当传之于脾，故当先实其脾气，无令受肝之邪”这一论述对后世的影响甚大，特别是张仲景继承了这一论点，并在《金匮要略·脏腑经络先后病》篇里作了阐发。

《难经》在阐发针刺法上也有独到的理解，如对针刺时重视压手、刺针候气等均有所发挥。

总之，《难经》的内容从脉学、经络、脏腑、疾病、腧穴，到针法，既丰富又简明扼要，历代医家都对其给予较高的评价。如滑寿说：“《难经》盖本黄帝《素问》《灵枢》之旨，设为问答，以释其义，其间营卫度数、尺寸部位、阴阳王相、脏腑内外、脉法病能。与夫经络流注、针刺俞穴，莫不该备，约其辞，博其义，所以扩前圣而启后贤，为生民虑者，至深切也。”又如徐大椿说：“是书之旨，盖欲推本经旨，发挥至道，剖析疑义，垂示后学，真读《内经》之津梁也；其中有自出机杼，发挥妙道，未尝见于《内经》，而实能显《内经》之奥义，补《内经》之所未发，此盖别有师承，足与《内经》并垂千古。”这些评价也代表了前代医家对《难经》的肯定和认识。当然由于历史条件的限制，《难经》这本古代医籍也存在若干缺陷和令人费解的地方。蒋老对它试做选择时，既不能轻率否定它的成就，也将尽量认真地选取和学习。

蒋老的《难经选释》以《难经本义》为蓝本，做有选择的注解、释义和校勘。

【原文】一难曰：十二经（注：十二经是指手足三阴三阳经脉的简称），皆有动脉（注：动脉是指经脉循行部位上搏动应手处），独取寸口（注：寸口是指切脉部位，亦称气口，一般是指手腕桡骨动脉处，即寸关尺部位），以决五脏六腑死生吉凶之法，何谓也？然（注："然"，在这里是作为答词，意即"回答说"）：寸口者，脉之大会（注：大会，即总会合的意思），手太阴之脉动（注：是指手太阴肺经的动脉）也。人一呼脉行三寸，一吸脉行三寸，呼吸定息（注：一次呼吸终了称为定息），脉行六寸，人一日一夜，凡一万三千五百息，脉行五十度（注：这里的"度"应理解为周次），周于身。漏水下百刻（注：漏水，指铜壶滴漏，是古代一种计算时间的器具。在古代的计时标准，都是以一百刻作为一昼夜的时间），荣卫（注：这里指荣气、卫气。"荣"也就是"营"）行阳二十五度（注：二十五度即是指一昼夜之间荣卫循环运行的周次），行阴亦二十五度，为一周（注：一周，这是指荣卫在一昼夜之间循行五十个周次的总称）也，故五十度复会于手太阴。寸口者，五脏六腑之所终始，故法取于寸口也。

【解释】本难主要是讲切脉独取手太阴寸口的原理。

十二经脉是指手足三阴三阳经脉，在这些经脉所循行的部位上，凡有搏动应手之上，都称为动脉。各经动脉穴位如下：

手太阴：中府、云门、天府、侠白。

手阳明：合谷、阳溪。

手少阴：极泉。

手太阳：天窗。

手厥阴：劳宫。

手少阳：耳和髎。

足太阴：箕门、冲门。

足阳明：冲阳、大迎、人迎、气冲。

足少阴：太溪、阴谷。

足太阳：委中。

足厥阴：太冲、五里、阴廉。

足少阳：下关、听会。

上面这些经穴部位上，以手按之都有搏动的感觉，这是“十二经皆有动脉”的实际依据。

诊脉独取手太阴寸口的原理，是《难经》在《黄帝内经》的基础上有所发展并加以运用而来的。《素问·三部九候论》中有全身三部九候诊脉法，这和十二经都有联系的，因为十二经脉“内属于脏腑，外络于肢节”。说明十二经脉和人体内外各组织均有络属关系，所以用这种诊脉法来诊断疾病的原理是可以理解的。本难提出切脉独取手太阴寸口，为什么也能诊断脏腑的疾病呢？因为寸口是“脉之大会”“五脏六腑之终始”。寸口是属于手太阴肺经的动脉，为十二经脉经气总会合的部位，所以手太阴肺经和其他的经脉都有密切的关系，而肺主气，心主血脉，气为血帅，血随气行，故而十二经脉气血的运行都与肺气有着直接的关联。《素问·经脉别论》说：“脉气流经，经气归于肺，肺朝百脉。”由于百脉朝合于肺，经脉与肺有着密切的关系，所以脏腑如有疾病，气血运行失常，就能从寸口的脉象上表现出来，因此也能够诊断五脏六腑的疾病，这些都说明“独取寸口”的意义。再一方面还与胃气的功能有关。《素问·五脏别论》说：“胃者，水谷之海，六腑之大源也。五味入口，藏于胃，以养五脏气……是以五脏六腑之气味，皆出于胃，变见于气口。”为此，所谓肺主气，不但与呼吸之气有关，并且与水谷之气也有关，胃为多气多血之经，所以胃气又是脉气的基础。由于以上这些原理，所以提出独取寸口是诊断各种疾病的依据。《难经》在诊脉方法上的这一发展，直到现在仍为临床诊断的重要手段之一。

本难还提出以呼吸次数来推算经脉之气在人体内的流转情况。指出正常人一呼脉气行三寸，一吸脉气也行三寸，在一次呼吸中，脉气共行六寸。人在一昼夜之中，一般呼吸一万三千五百次，脉气共行五十个周次，环转于全身，称为“一周”。在这个时候正好漏水下注一百刻，恰好脉气也走完了五十周次，其中荣卫在白天循行二十五周次，在黑夜也循行二十五周次，一昼夜运行五十周次又复会合于手太阴，其运行的起止点都是在手太阴肺脉的寸口，故称“五十而复大会”。以上是叙述经脉之气在人体内运行的次数、长度、时间及与呼吸的关系。

【原文】二难曰：脉有尺寸（注：尺寸，即是指诊脉的部位和名称）何谓也？然：尺寸者，脉之大要会（注：指寸口）也。从关（注：关部位于寸部和尺部之间，在掌后高骨内侧下方）至尺是尺内，阴之所治（注：“治”指所属范围）也；从关至鱼际（注：手掌大拇指侧肌肉高厚部位的边缘叫“鱼际”）是寸内，阳之所治也。故分（注：分界、分开的意思）寸为尺，分尺为寸。故阴得尺内一寸，阳得寸内九分，尺寸终始一寸九分，故曰尺寸也。

【解释】本难主要是讲切脉尺寸的部位划分和阴阳属性。

《素问·脉要精微论》说：“尺内两旁则季胁也。”这里讲的“尺内”是指尺部。而寸、关二字未有明言。《难经》则明示以寸关尺的三部定位。所以这里所指的“尺寸”，即是指诊脉部位的名称，包括寸、关、尺三部在内。所谓“脉之大要会”，是为手太阴动脉之处，而手太阴肺脉和全身十二经脉都有着密切的关系，因为寸口为十二经脉经气总会合的地方，所以这里也要和“肺朝百脉”之说联系起来理解。

寸、关、尺三部位置的划分，是以关部为分界，从关后到尺泽是尺部所属的范围之内，从关部到鱼际是寸部所属的范围之内。如从阴阳属性来区分，也是以关部为分界，关前为阳，寸在关前，为心、肺所属，心为阳中之阳，肺为阳中之阴，所以说阳之所治；关后为阴，尺在关后，为肾所属，肾为阴中之阴，所以说阴之所治。由此可见，尺寸阴阳属性的原理，是和内脏反应脉象所属的范围有关。这是说明寸关尺三部位置的划分和阴阳的属性，并指出其都是以关部为分界。

寸、关、尺三部的长度，即从腕关节到肘关节总长一尺一寸。以关部为分界，从肘中的尺泽穴到关后计长一尺为尺部；从鱼际到关前计长一寸为寸部。在总长中除去关前的一寸，即为尺部；除去关后的一尺，即为寸部。即所谓“分寸为尺，分尺为寸”。但在临床上诊脉是没有这样长度的，所以尺内、寸内，即指尺部、寸部，尺部仅取其中的一寸，寸部仅取其中的九分。本难说：“故阴得尺内一寸，阳得寸内九分。”这样尺和寸的起止共长一寸九分，所以称作尺寸。

【原文】四难曰：脉有阴阳之法，何谓也？然：呼出心与肺，吸入肾与肝，呼吸之间，脾受谷味也，其脉在中（注：“中”是指脾，也指脉有胃气的含义）。浮（注：浮指脉象比较浅表，以手指轻按即得。）者阳也，沉（注：沉指脉象比较深里，以手指重按乃得。）者阴也，故曰阴阳也。心肺俱浮，何以别之？然：浮而大散（注：大散，在这里是形容脉象较正常为大而有舒散的感觉。）者心也，浮而短涩（注：短涩，在这里是形容脉象较正常本位为短而略有阻滞不流利的感觉。）者肺也。肾肝俱沉，何以别之？

然：牢而长（注：牢和长在这里是形容脉象沉伏有力而较正常本位为长的感觉。）者肝也，按之濡（注：濡指脉象柔软而浮细），举指来实（注：实指以手指上举脉来有力）者肾也。脾者中州，故其脉在中。是阴阳之法也。

脉有一阴一阳，一阴二阳，一阴三阳，有一阳一阴，一阳二阴，一阳三阴。如此之言，寸口有六脉俱动耶？然：此言者，非有六脉俱动也，谓浮、沉、长、短、滑、涩也。浮者阳也，滑者阳也，长者阳也，沉者阴也，短者阴也，涩者阴也。所谓一阴一阳者，谓脉来沉而滑也，一阴二阳者，谓脉来沉滑而长也，一阴三阳者，调脉来浮滑而长，时一沉也，所谓一阳一阴者，谓脉来浮涩也，一阳二阴者，调脉来长而沉涩也，一阳三阴者，调脉来沉涩而短，时一浮也。各以其经所在，名病逆顺也。

【解释】本难主要是讲脉象的阴阳。

从脉象上区分阴阳的方法，在《素问·阴阳别论》说："去者为阴，至者为阳，静者为阴，动者为阳，迟者为阴，数者为阳。"《黄帝内经》中已提到这样的辨别。本难首先提出，呼出与心和肺有关，由于心肺同居膈上，而心为阳中之阳，肺为阳中之阴，呼气出于上焦阳分，主浮脉，吸入与肝和肾有关，由于肝肾同居膈下，而肝为阴中之阳，肾为阴中之阴，吸气内入下焦阴分，主沉脉。所以这里提出，浮脉属阳主心和肺，沉脉属阴主肝和肾。脾位中焦，在呼气与吸气的过程中，脾的脉气也在呼吸浮沉之中，这是正常的脉象，但也包括胃气的含义在内，所以浮脉和沉脉的切取均有从容和缓的感觉。

浮脉的脉象比较浅表，以手指轻按即得，所以浮脉属于阳脉，沉脉的脉象比较深里，以手指重按乃得，所以属下阴脉，故而说脉象有阴阳的区别。

由于本难所述的阴阳，是以脉象形态中的浮沉为主，所以确定心和肺都是浮脉，肾和肝都是沉脉，进一步应该怎样来加以区别呢？浮而稍大而有舒散感觉的为心脉；浮而稍短而有不流利感觉的为肺脉；脉象沉伏有力而较正常本位稍长感觉的为肝脉；脉象按之柔软而浮细而手指上举脉来有力的感觉为肾脉；脾居中焦，在心肺之下，肝肾之上，所以它的脉象不浮不沉而介乎其中，并有从容和缓的感觉。以上这些是区分阴阳脉象的诊法，也都是指正常的脉象。

一阴一阳……一阳三阴，提出还有三阴三阳的脉象，根据浮、沉、长、短、滑、涩六种脉象，来区分它们不同脉象的阴阳属性，以浮、滑、长为阳脉，沉、短、涩为阴脉，但其中又有相互兼见，即阳中有阴、阴中有阳的脉象，并说明可以两种脉象或三种脉象同时并见，在临床上应根据其脉象来加以辨别和区分。

所调一阴一阳，是沉而兼滑的脉象；一阴二阳，是指沉兼滑而长的脉象；一阴三阳，是指浮滑而长的脉象，同时也时有一沉的脉象；一阳一阴，是指浮而兼涩的脉象；一阳二阴，是指长而兼见沉涩的脉象；一阳三阴，是指沉涩而短的脉象，同时也时有一浮的脉象。这些都是错综互见的脉象，也就是阴阳的偏盛或偏衰的反映，所以上面这些讨论都是指病脉，蒋老认为应该分别根据脏腑对应部位脉象的变化，来审察疾病的吉凶逆顺。后世医家在此基础上，演化为二十八种脉象，分别归属于阳脉和阴脉，其含义实际上也根源于此。

【原文】八难曰：寸口（注：指寸部脉）脉平而死者，何谓也？然：诸十二经脉者，皆系（注：系，“连属”“联系”的意思）于生气（注：生气，即是指原气，也称元气）之原。所谓生气之原者，谓十二经之根本也，谓肾间动气（注：肾间动气，这是指两肾之间所藏的元阳之气）也。此五脏六腑之本，十二经脉之根，呼吸之门（注：呼吸之门，是指呼吸出入功能的关键。可从“肺为气之主，肾为气之根”联系起来加以理解），三焦之原。一名守邪之神（注：守，防守、抵御的意思；神，在这里作功能来理解。所谓 “守邪之神”，意思即是有防御的功能）故气者，人之根本也，根绝则茎叶枯矣。寸口脉平而死者，生气独绝于内也。

【解释】本难主要是讲寸口脉平而死的原理。

“寸口脉平”，是讲寸部脉象还较正常，但也并不等于一点也没有病象，所以只能说是与正常人相比较没有明显的差距。再从寸部脉和尺部脉来讲，寸部属心肺，尺部是属肾，所谓“寸口脉平”，这是说寸部脉尚较正常，但是以尺部脉来讲，由于生气的本原衰绝，出现在脉象上，脉搏极微或甚至按不到脉象的搏动，所以在这个时候，人的生命非常危险，乃至死亡，说明尺部脉已发生明显的变化，寸部和尺部是有着很显著的不同的，故而这里提出的“寸口脉平”，是针对尺部脉而说的。从这里我们可以看出，尺部脉的变化在诊断和预后等方面的重要作用。为此，后世医家有“脉贵有根”的说法，即是指尺部有脉或是指沉取有脉（上面“四难”讲沉部也属于肾，所以这一理论也是来源于此的）。

全身的十二经脉，都连属于生气的根源，所谓“生气”，即是指藏于肾中的元气，在这里则偏重于元阳之气。由于肾为人体元气之根本，所以显得特别重要，肾气在人体生命活动过程中，不但推动十二经脉的循环运行，是呼吸功能的关键所在，与三焦的气化出纳密切有关，而且它对人体起到防御病邪侵袭的保卫功能，所以说人体的生气，是人生命的根本，由此可见其在人体的重要性。如果肾间动气衰竭，则尺部脉象无根，即使是寸口脉平，也犹如无根之木一样，茎和叶也随即枯槁了。所以尺部如果脉微和无脉，都是肾元不足或是肾气将绝的象征，由于元气之根绝，故有死亡的危险了。因此寸部脉虽然较正常而人却死亡的，是由于元气先独绝于内了。

《难经本义》说："此篇与第一难之说，义若相悖，然各有所指也。一难以寸口决生死者，谓寸口为脉之大会，而谷气之变见也。此篇以原气言也。人之原气盛则生，原气绝则寸口脉虽平犹死也。原气言其体，谷气言其用也"。指出本难与"一难"，其含义好似相冲突，实际上他们是各有所指的。"一难"讲独取寸口以决生死，主要是提出寸口为脉之大会，是论述谷气的旺盛和衰败，其是指寸、关、尺三部的，本难是讲人体的根本是元气，所以元气盛时则生，元气绝时则死。说明这里仅以尺部与寸部有所对比和区分而已。

【原文】九难曰：何以别知脏腑之病耶？然：数（注：数指脉象，一呼一吸超过5次）腑也，迟（注：迟指脉象，一呼一吸不足4次）脏也。数则为热，迟则为寒。诸阳为热，诸阴为寒。故以别知脏腑之病也。

【解释】本难主要是从迟数脉区别脏腑疾病。

如何从脉象上来区别脏腑疾病，指出数脉主腑病，迟脉主脏病。数脉是热证，迟脉是寒证。所以说迟脉主五脏病，主寒证，数脉主六腑病，主热证。人体一呼一吸脉来超过5次的为数脉，数脉属阳；一呼一吸脉来不足4次的为迟脉，迟脉属阴。例如，阳明腑病为热证，多见数脉，太阴脏病的寒证，多见迟脉，这是脉病相应的一般规律。《难经经释》说："以迟数别脏腑，亦未尽然。盖府病亦有迟，而藏病亦有数者。"是讲腑病脏病所反映的脉象，并不一定是如此的，腑病亦有迟脉，脏病亦有数脉，所以不能机械理解，要灵活对待。

在一般情况下，出现阳脉的是热证，如太阳脉浮为表热证；出现阴脉的是寒证，如太阴脉迟为脾寒证。因此可以根据脉象的迟数来区别脏腑的疾病，也是得出疾病的属阴、属阳、属寒、属热，以及在脏、在腑的一般基本原理。

【原文】十一难曰：经言脉不满五十动而一止（注：止，是指脉搏的歇止），一脏无气（注：无气，是指内脏得不到精气供养而无生气）者，何脏也？然：人吸者随阴入，呼者因阳出（注：阴、阳，在这里是指脏器部位的上下。肝肾在下为阴，心肺在上为阳。吸者随阴入，呼者因阳出，这和第四难“呼出心与肺，吸入肾与肝”的含义相同）今吸不能至肾，至肝而还，故知一脏无气者，肾气先尽也。

【解释】本难主要是讲歇止脉与脏气病变的关系。

《素问·平人气象论》说：“人一呼脉再动，一吸亦再动，呼吸定息，脉五动，闰以太息，命曰平人。”这是说明正常人的呼吸与脉搏的搏动次数，应该是有它一定的比率。本难引述医经上说，脉搏不满五十次而歇止一次，是一脏得不到精气供养而无生气。根据本难所讲，是肾脏得不到供养而其气首先衰竭。

歇止脉在后世一般分为三种：脉来快而有不规则歇止的为促脉，脉来慢而有不规则歇止的为结脉，脉来较慢而有规则歇止的为代脉。所以本难所讲的则属于代脉。代脉也偶可见于正常人，但在临床上也有虚实之分，究竟属于何脏疾病，这是要结合其他出现的症状而加以分析。

滑伯仁引述《灵枢·根结》说：“人一日一夜五十营，以营五脏之精，不应数者，名曰狂生。所谓五十营者，五脏皆受气，持其脉口，数其至也，五十动而不一代者，五脏皆受气，四十动一代者，一脏无气，三十动一代者，二脏无气，二十动一代者，三脏无气，十动一代者，四脏无气，不满十动一代者，五脏无气，予之短期。”这些内容的叙述和本难相类似，目的是说明脏气的衰竭会直接反映到脉搏，因此脉搏歇止的次数越多，那么，脏气衰竭的范围也就越大。

本难提出“吸者随阴入，呼者因阳出”，是指呼吸与内脏的关系。这与第四难所说“呼出心与肺，吸入肾与肝”“心肺居上属阳，肝肾居下属阴”含义相同，是指脏器所居部位上的阴阳而言。所以五十动而一止的，说明现在吸气不能深入到达肾脏，只能到达肝脏便返回，而肾脏的部位最深最下，由于肾不纳气，吸气不入，故说是肾气首先衰竭了。本难总的是说明呼吸与内脏的关系，以及脏气衰竭在脉搏上的反映。

【原文】十三难曰：经言见其色而不得其脉，反得相胜（注：相胜，五脏各有一定的色脉，它们之间如果出现相克的情况）之脉者即死，得相生之脉者，病即自已。色之与脉当参（注：参，参合）相应，为之奈何？然：五脏有五色，皆见于面，亦当与寸口（注：寸口，是统指寸关尺三部），尺内（注：尺内，是指关部到尺泽穴一段的皮肤）相应。假令色青，其脉当弦而急，色赤，其脉浮大而散；色黄，其脉中缓而大，色白，其脉浮涩而短；色黑，其脉沉濡而滑。此所谓五色之与脉，当参相应也。脉数，尺之皮肤亦数（注：数，丁锦《古本难经阐注》曰："数即心也，所以臂内皮肤热也。"属心，主热）；脉急，尺之皮肤亦急；脉缓，尺之皮肤亦缓；脉涩，尺之皮肤亦涩；脉滑，尺之皮肤亦滑。

五脏各有声色臭（注：臭，指嗅觉感到的五种气味，统称"五臭"）味，当与寸口尺内相应，其不应者病也。假令色青，其脉浮涩而短，若大而缓为相胜，浮大而散，若小而滑为相生也。经言知一（注：知一，对色、脉、尺肤三种诊法，能掌握其中的一种叫知一。下文的知二、知三，即是指掌握其中的两种、三种）为下工，知二为中工，知三为上工。上工者十全九，中工者十全七，下工者十全六，此之谓也。

【解释】本难主要是讲色、脉，尺肤在诊法上的运用。

望、闻、问、切是调查了解疾病的四种方法，各有其独特的作用，不能相互取代，因此在临床运用时，必须将它们有机地结合起来，也就是"四诊合参"，才能全面而系统地了解病情，做出正确的判断。本难首先提出望（色）诊和切诊两方面，望色见于面部，切脉在于寸口，何脏有病则见何脏一种面部颜色和一种脉象，即所谓色脉相应。如果看到患者所表现的面色而得不到和它相应的脉象，反而得到相克的脉象，则可能死亡；得到相生脉象的，疾病也就会自然痊愈，所以面色和脉象应当互应。

五脏的五种颜色，它们都可以反映在面部，所以也应当和寸口脉象及尺肤情况相适应。例如，患者面呈青色，脉象应当弦而急；面呈赤色，脉象应当浮而散；呈黄色，脉象应当中缓而大；面呈白色，脉象应当浮涩而短；面呈黑色，脉象应当沉濡而滑。这就是所说肝、心、脾、肺、肾的五色和脉象应当互相适应的情况。诊尺肤也是切诊中的一种诊法，本文提出脉象数的，尺部的皮肤也应该发热；脉象急的，尺部的皮肤也应该紧急；脉象缓的，尺部的皮肤也应该弛缓；脉象涩的，尺部的皮肤也应该滞涩；脉象滑的，尺部的皮肤也应该润滑。说明诊断必须色、脉、尺肤合参，此三者的结合是非常重要的，从而分析疾病，判断预后。

本难指出诊察疾病时，应当综合患者的脉象、尺肤，以及色、声、臭、味，以全面了解病情，并以五行生克理论，从其生克规律中说明疾病的演变和吉凶。例如，患者面部色青，脉象浮涩而短，这是脉克色（金胜木），或者大而缓，这是色克脉（木胜土），都是相胜，一般以相胜为逆，逆者病重，难以治愈，预后不良；脉象厚大而散，这是色生脉（木生火），或者小而滑，这是脉生色（水生木），都是相生，一般以相生为顺，顺者病轻，容易痊愈，预后良好。为此，诊法必须以色、脉、尺肤合参，所谓“知三为上工，上工者十全九”，也就是这个道理。

本难所讲三种诊法，又可结合五行生克理论，以及必须结合声、臭、味等，综合各个方面的情况，分析疾病，确定诊断。但应领会其原则精神，而不宜拘执不化。

【原文】十四难曰：脉有损至（注：损是减少，有退的意思；至是过、最，有进的意思。这里是指脉搏次数较正常减少的为损，增多的为至），何谓也？然：至之脉，一呼再至（注：至，这里是指脉的搏动。正常人一呼脉搏动两次，一吸脉搏动两次，在这段文内省略了“一吸再至”）曰平，三至曰离经（注：离经，背离了正常的规律），四至日曰夺精（注：夺精，有严重耗散精气的意思），五至曰死（注：死，极端危险，预后不良），六至曰命绝（注：命绝，死亡，比上面所讲的“死”更为严重），此至之脉也。何谓损？一呼一至曰离经，再呼一至曰夺精，三呼一至曰死，四呼一至曰命绝。此损之脉也。至脉从下上，损脉从上下也。损脉之为病奈何？然：一损损于皮毛，皮聚而毛落；二损损于血脉，血脉虚少，不能荣于五脏六腑，三损损于肌肉，肌肉消瘦，饮食不为肌肤；四损损于筋，筋缓不能自收持；五损损于骨，骨痿不能起于床。反此者，至于收病也（注：至于收病也，滑伯仁说：“当作至脉之病也”）。从上下者，骨痿不能起于床者死；从下上者，皮聚而毛落者死。

治损之法奈何？然：损其肺者，益其气，损其心者，调其荣卫；损其脾者，调其饮食，适其寒温，损其肝者，缓其中（注：缓其中，是指甘味药物具有和缓的作用）；损其肾者，益其精。此治损之法也。

脉有一呼再至，一吸再至；有一呼三至，一吸三至；有一呼四至，一吸四至；有一呼五至，一吸五至；有一呼六至，一吸六至；有一呼一至，一吸一至；有再呼一至，再吸一至；有呼吸再至（注：呼吸再至，滑伯仁说：“其曰呼吸再至，即一呼一至，一吸一至之谓”，此四字即前衍文）。脉来如此，何以别知其病也？然：脉来一呼再至，一吸再至，不大不小曰平。一呼三至，一吸三至，为适得病，前大后小，即头痛、目眩（注：前大后小，即头痛目眩，指脉象的寸大尺小。大脉为邪气盛的表现。寸脉大，是阳盛于上，所以头痛目眩），前小后大，即胸满、短气（注：前小后大，即胸满短气，是指尺脉大，是阴盛于里，所以胸满短气）。一呼四至，一吸四至，病欲甚，脉洪大者，苦烦满，沉细者，腹中痛。滑者伤热，涩者中雾露（注：中雾露，《难经经释》曰：“涩为伤湿，故中雾露”）。一呼五色，一吸五至，其人当困（注：困，危险的意思），沉细夜加，浮大昼加，不大不小，虽困可治，其有大小者为难治。一呼六至，一吸六至，为死脉也，沉细夜死，浮大昼死。一呼一至，一吸一至，名曰损，人虽能行，犹当着床，所以然者，血气皆不足故也。再呼一至，再吸一至，呼吸再至，名曰无魂（注：无魂，是指精神失常的严重状态），无魂者当死也，人虽能行，名曰行尸（注：行尸，是指其人生机已绝，虽能勉强行走，也类似尸体，故称为行尸）。

上部有脉，下部无脉，其人当吐，不吐者死。上部无脉，下部有脉，虽困无能为害。所以然者，人之有尺，譬如树之有根，枝叶虽枯槁，根本将自生。脉有根本，人有元气，故知不死。

【解释】本难主要是讲损至脉的病证与治法。

本难指出脉搏一呼两次，一吸两次，不大不小的，这是正常人的脉象，也是古代医生以自己的呼吸数来测定患者脉搏的至数。“脉有损至”，也就是脉象方面的反映，损脉的现象是脉搏至数减少，至脉的现象是脉搏至数增多，这些太过和不及的脉搏至数总是病象，但由于它们在病变程度上又有轻重不同的区别，所以有离经、夺精、死、命绝等名称，用来说明疾病在程度上轻重的区别，从而诊断疾病预后的良恶。

“至脉从下上”“损脉从上下”，是讲疾病的起始所在及其传变过程。至脉的病是由肾起始到肺，是从下向上传变的；损脉的病是由肺起始到肾，是从上向下传变的，这是从脉象方面来说明疾病的传变情况。说明损脉的为病，是从上而下的，如一损是损害肺所主的皮毛，故皮肤枯萎皱缩和毛发脱落；二损是损害心所主的血脉，故脉中营血虚少，不能正常运行以营养五脏六腑；三损是损害脾所主的肌肉，故肌肉消瘦；四损是损害肝所主的筋，故筋弛缓不能自动收缩和支持，五损是损害肾所主的骨，故骨痿无力而不能起床。与此相反，如果由肾先病而后逐步传变到肺的，这就是至脉的病证。假如病从上向下传变的，到了骨痿不能起床的情况；病从下向上传变的，到了皮肤皱缩、毛发脱落的情况，这两种传变情况到了后期，往往预后都是不良的。

对五种虚损病的治疗方法是怎样的呢？肺损的治法，由于肺主气，肺病则肺气受损，治当补益肺气；心损的治法，由于心主血，心病则血不足，因血为气母，气能生血，治当调和营血和卫气，所以在血和气两个方面都要注意到的；脾损的治法，由于脾主运化，脾病则运化失司，治当调节饮食，是指五味调和食量适度，并且饮食要冷热适宜，否则均会影响脾的运化；肝损的治法，由于肝主藏血又苦急而喜缓，肝病则本着“损其肝者缓其中”的治法，用甘药缓其中；肾损的治法，由于肾主藏精，肾病则阴精虚损，治当补益其精。以上这些就是治疗虚损病的方法。

本难提出“脉有一呼再至，一吸再至……有再呼一至，再吸一至”等呼吸与脉的搏动有这些情况，如何来辨别它们所发生的病证、病程和预后呢？如果脉搏一呼二至，一吸二至，而且是不大不小的，这是正常的脉象。假使脉搏一呼三至，一吸三至，这是刚刚开始发病，如前大后小，即寸脉大尺脉小，由于寸部属阳位而反映上部病证，故会有头痛、目眩；如前小后大，即寸脉小尺脉大，由于尺部属阴，是属阴病，故会有胸部胀满、呼吸短促的病证。脉搏一呼四至，一吸四至，说明病势在发展和加重。如果脉象洪大有力，并有烦躁满闷的症状，一般多见于阳热病的脉证；脉搏如见沉细的，加以腹中疼痛，这是里虚在脉搏上的反映。脉搏滑的是伤于热邪；脉搏涩的是伤于湿邪，所以说“中雾露”。脉一呼五至，一吸五至，说明患者情况已相当危重，由于沉细脉搏多见于虚寒，是属阴邪为病，夜间属阴，所以入夜则病情加重；脉搏浮大多见于表热，是属阳邪为病，白天属阳，所以白天则病情加重。滑伯仁说：“大小，即沉细浮大也。”如果上面两种病证，在脉搏上还未见到过于沉细或浮大的情况，虽然病情危重，但是还是可以治疗的；假如出现过于沉细或浮大的脉搏，都说明疾病相当严重，那就比较难治了。脉搏一呼六至，一吸六至，如果出现这种脉象，那是非常危险而濒于死亡的边缘了，本难所谓“沉细夜死，浮大昼死”：就是阴迁阴，阳迁阳，这和上面所讲“沉细夜加，浮大昼加”的机制相同。脉搏一呼一至，一吸一至，这是损脉，是气血相当虚弱的缘故，这时患者虽然暂时还可以行走，但终究是要卧床不起的；如果脉搏出现两呼一至，两吸一至，疾病到了这种境界，病情极严重，所以这种患者渐趋死亡。“上部有脉，下部无脉”：上部是指寸部，下部是指尺部，“无脉”往往由于邪实或正虚所引起，如果是邪实，患者应当呕吐，能吐则邪从上越；假使不是邪气壅实的吐证，而是患者元气衰竭所反映的现象，则会导致死亡。“上部无脉，下部有脉”，如果出现这种脉象，病情虽然严重，但并不至于危险，这是因为人的尺脉，比如树之有根，虽然树木的枝叶枯槁了，只要根本未损，也能自然恢复生长，脉有根本，说明元气还未大伤，所以不会死亡，总的是说明尺部脉搏在脉诊中的重要性。

【原文】十七难曰：经言病或有死，或有不治自愈，或连年月不已。其死生存亡，可切脉而知之耶？然：可尽知也。

诊病若闭目不欲见人者，脉当得肝脉强急（注：强急，在这里是弦急的意思）而长，而反得肺脉浮短而涩者，死也。

病若开目而渴，心下牢者，脉当得紧实而数，反得沉涩而微者，死也。

病若吐血，复鼽衄（注：鼽衄，鼽，鼻塞；衄，鼻出血）血者，脉当沉细，而反浮大而牢者，死也。

病若谵言妄语，身当有热，脉当洪大，而反手足厥逆，脉沉细而微者，死也。

病若大腹（注：大腹，在这里是指腹部膨胀的意思）而泄者，脉当微细而涩，反紧大而滑者，死也。

【解释】本难主要是讲脉证相应与脉证相反的预后。

医经上讲，患病有难治，或易于痊愈，也有连年累月迁延不愈。预测疾病之不同转归，主要关键在于掌握脉证是否相符，一般来讲，脉证相应的预后良好，如果脉证相反的，预后多为不良。

本难所举例的肝病，因肝开窍于目，故闭目不欲见人，弦急而长是肝脉，是属脉证相符，预后良好；假使肝病出现浮短而涩的肺脉，如以五行理论来分析，这是金克木的脉证，是为脉证不相符，所以预后不良。如果患者眼开而又口中作渴，心胸部以下坚硬的，这是阳热实证，脉紧实而数，也是阳实之脉，是属脉证相符；假使出现沉涩而微的脉象，这是阴脉、虚脉，是为脉证相反，所以预后不良。

又如阴虚而见吐血、鼽衄，这是出血的虚证，脉见沉细，也是虚脉，为虚证见虚脉，是属脉证相符；假使出现浮大而牢的脉象，这是实脉，为虚证见实脉，是为脉证相反，所以预后不良。

患者胡言乱语，而身体发热，往往见于热病阳证，所以脉见洪大，为实证见实脉，是属脉证相符；假使出现四肢逆冷，脉象沉细而微，这是寒象、虚象，是为病实脉虚之象，是属脉证相反，所以预后不良。

如腹部膨胀而大便泄泻的，是属脾肾阳虚的证候，脉见微细而涩，也是阳虚之脉，是属脉证相符；假使出现紧大而滑的脉象，是属于证虚脉实之象，是为脉证相反，所以预后不良。

总地来讲，脉证相符的，预后多良好；脉证相反的，预后多不良。但在临床上也不能拘泥，要根据具体情况作具体分析。

【原文】十九难曰：经言脉有逆（注：逆，是相反的意思。是指男子之脉寸弱、尺盛；女子之脉寸盛、尺弱）顺（注：是相从的意思。是指男子之脉寸盛、尺弱；女子之脉尺盛、寸弱），男女有恒，而反（注：是指与常规脉象相反）者，何谓也？

然：男子生于寅，寅为木，阳也；女子生于申，申为金，阴也。故男脉在关上，女脉在关下。是以男子尺脉恒弱，女子尺脉恒盛，是其常也。反者，男得女脉，女得男脉也。其为病何如？

然：男得女脉为不足，病在内，左得之，病在左，右得之，病在右，随脉言之也。女得男脉为太过，病在四肢，左得之，病在左，右得之，病在右，随脉言之。此之谓也。

【解释】本难主要是讲男女的正常脉象和反常脉象。

医经上讲，脉象上有逆和顺，在男子和女子的脉象上也都有一定的常规，所以男子和女子的脉象是有所区别的。如果出现与常规相反的脉象，这是什么情况呢？

本难是以金和木为阴阳生成之数而作类比，寅时为日出东方而属木，象征阳盛；申时为日落西山而属金，象征阴盛，这是以取类比象的方法来加以说明男子属阳女子属阴之二者属性。因此男脉常盛于关上的寸部，女脉常盛于关下的尺部。关上的寸部属阳，男为阳，所以应阳脉；关下的尺部属阴，女为阴，所以应阴脉。为此，男子的尺脉常虚弱，女子的尺脉常强盛，这是男女脉象的常规。滑伯仁说："阳之体轻清而升，天道也，故男脉在关上；阴之体重浊而降，地道也，故女脉在关下，此男女之常也。"如果和常规脉象相反的，就是说男子诊得尺盛的女脉，女子诊得尺弱的男脉。这样男见女脉，女见男脉，均为反常的脉象，都是病变的反映。所以男子诊得寸脉弱尺脉强的相反脉象，是为不足的虚证，故病变在内部；脉象在左侧诊得则病在左，脉象在右侧诊得则病在右；这是根据脉象的部位来推知疾病发生的所在。如果女子诊得寸脉强尺脉弱的相反脉象，是为太过的实证，故病变在四肢；脉象在左侧诊得则病在左，脉象在右侧诊得则病在右；这也是根据脉象的部位来推知疾病发生的所在。以上都是说明相反脉象的发病情况。

【原文】二十二难曰：经言脉（注：脉，这是指十二经脉）有是动，有所生病。一脉辄变为二病者，何也？

然：经言是动者，气也；所生病者，血也。邪在气，气为是动，邪在血，血为所生病。气主呴（注：呴，同煦，即是指温暖的意思）之，血主濡（注：濡，滋养的意思）之。气留而不行者，为气先病也；血壅而不濡者，为血后病也。故先为是动，后所生也。

【解释】本难主要是讲是动所生病的含义。

本难所谓“经言”，是根据《灵枢·经脉》而来的。概述十二经脉有是动病，有所生病，指出每一条经脉的病变分为两种病候。

所说的是动病，是为气病；所生病，是为血病。如果邪在气分，则气的病变即为是动病；而邪在血分，则血的病变即为所生病。十二经脉是气血运行的通路，气属阳，气能温煦人体，熏蒸于皮肤分肉之间，故说“气主呴之”；血属阴，血能滋润肌肤筋骨、滑利关节、营养脏腑，故说“血主濡之”。如果气机阻滞而运行不能通畅的，是为气先发生病变；血脉壅塞而不能滋润营养的，是为血后发生病变。由于气为血帅，血随气行，因此说气先病而血后病。所以首先发生的为是动病，以后发生的为所生病。实际上气病血病各有先后之变，不宜固定先病属气为是动病，后病属血为所生病。

历代医家，对“是动病”“所生病”也提出不少解释，如《类经》认为：“是动病”是“变常而为病”。“所生病”是“凡在五脏，则各言脏所生病；凡在六腑，则或言气，或言血，或脉或筋，或骨或津液”。又如《难经经释》说：“是动诸病，乃本经之病。所生之病，则以类推而旁及他经者”。众说不一，但也只能说明其中的一个方面的病证，不能概括其全部病证。本难虽然是引述《灵枢·经脉》是动、所生病的经文，但仅仅局限于气病血病的先后关系，似欠完善，仅可供参考。

第四节　传授临床技能

作为硕士生指导老师，蒋老参与指导硕士研究生5人，1981～1984年主要指导带教硕士学位研究生徐珊。1991～1994年作为第一批全国老中医药专家学术经验继承工作指导老师，指导带教学术经验继承人周亮、徐珊。蒋老不顾年事已高，仍坚持临床带教，通过口传面授，临床应诊和实际操作向继承人传授其的独到临床经验和技术专长，继承人通过耳濡目染、细心揣摩，着力于实践，学到指导老师真谛。1994年学术经验继承人周亮、徐珊顺利通过出师考核。

一、学术经验继承人周亮

周亮，男，浙江省诸暨市人。浙江中医药大学副教授，副主任中医师。周亮为1966届高中毕业生，1977年恢复高考后，首届考入浙江中医学院（浙江中医药大学前身），1982年毕业后留校任教，1986～1987年在上海中医学院参加全国“中医内科学”助教进修班学习。1993年晋升为副教授，1994年晋升为副主任中医师。他先后担任学校函授部办公室副主任、人事处师资科科长、教育研究室主任、副处级调研员等职务，曾任浙江省新药审评委员、中国中医药学会中成药分会委员，2007年退休后仍从事中医临床医疗工作。1991～1994年，周亮作为全国第一批老中医药专家学术经验继承工作指导老师蒋文照教授的学术经验继承人，从事经验继承整理研究工作，获人事部、卫生部和国家中医药管理局颁发的“全国老中医药专家学术经验继承人”出师证书。在本专科生等中主讲“方剂学”等课程。

周亮从医35年，擅长治疗慢性萎缩性胃炎伴肠化生或异型增生或幽门螺杆菌感染、慢性浅表性胃炎、胃溃疡、慢性肝炎、胆石症、胆囊炎、脂肪肝等，以及消化道、呼吸道肿瘤术后或放化疗后调理，兼及心血管、呼吸及泌尿系统疾病的诊治。主持和参加省部级和厅局级科研课题2项，出版著作2部，其中任副主编1部，发表学术论文20多篇。

（一）经方治疗脾胃病证的研究

半夏厚朴汤方出自《金匮要略》。《金匮要略·妇人杂病脉证并治》谓：“妇人咽中如有炙脔，半夏厚朴汤主之。”张仲景用于治妇人咽中痰气交阻之证。遵循仲景组方和施治原则，结合临床脉症，运用该方治疗各种脾胃疾患，对解除脾胃为患之痛、胀、呕、泻诸症，疗效满意。以上数症，虽西医病名各异，但均可归入中医脾胃病的范畴。以半夏厚朴汤为基础方，随症加减，屡获良效，此乃异病同治之功也。脾胃共居中焦，为后天之本，脏腑升降出入转输之枢纽。纳食在胃宜降，运化在脾宜升。脾胃为病，遂失升降之用，气机郁滞，常出现脘胀、脘痛、泛恶、嗳气、泄泻诸症。周亮处方用药时，始终注重“疏理”两字，运用半夏厚朴汤行气畅中，化浊和胃。半夏厚朴汤中，君以辛温之半夏、厚朴消痞除满，佐以生姜、紫苏叶行气和胃，茯苓健脾渗湿，助君药之用。合方共奏理气和中之功，实为疏理调畅中焦之良方。在临床应用时，尚须注意审证求因，随症加减，灵活施治，热则寒之，寒则热之，虚则补之，瘀则行之。脾胃虚弱者合用党参、黄芪、白术益气补中；肝胃失和者加入川楝子、八月札、佛手片疏肝和胃；中焦瘀热者佐以制香附、丹参、蒲公英、黄连清热行瘀。然对胃阴不足者，投用本方时，须参以涵养柔润之剂以制约半夏、厚朴温燥之气，常合用玉竹、石斛、南沙参、麦冬滋养阴液，以免温燥耗液伤阴之弊。

（二）《金匮要略》养阴法探究

养阴之法，可上溯于《黄帝内经》。《素问·四气调神大论》谓："春夏养阳，秋冬养阴。"其原意是要人们顺应四时阴阳而摄生。张仲景深谙经旨，开养阴法临床运用之先河。纵观《金匮要略》有关益阴诸方，多以甘寒清润、养阴生津为主，并非纯用滋腻，这对后世温病学派的发展具有深远影响。

1. 清补肺胃法

热恋上焦，肺胃阴伤，虚火上炎，气失清肃，肺痿不荣，遂成"火逆"之证：咳喘上气，咽喉不利，咳痰不爽，舌红少苔，脉细数，仲师以麦门冬汤治之，重用甘凉麦冬（七升），滋肺胃之阴而折虚火，配人参、甘草、大枣、粳米养胃益气以生津。然肺被热灼，津液失布，聚涎成痰，故轻用辛温半夏（二升）下气化痰以反佐，与大剂麦冬为伍，既除寒凉遏抑之偏，又无辛燥伤阴之虑。《高注金匮要略》麦门冬汤条下谓："此条为肺胃之阴两虚，两虚者宜两补之，故以全汤先补胃液而次补肺液也。"此清养肺胃之剂，实属培土生金之法。脾土强健，自能化生精微，肺胃津足，虚火下潜，肺金得养，行其清肃之令，何病之有？喻昌称之为"治本之良法"。支气管扩张、肺结核、矽肺或胃炎、胃溃疡等病属肺胃阴虚者，可用本方加减。阴液亏甚，加清养宁肃的北沙参、知母、芦根、茅根等，以收全功。

2. 滋阴利水法

外感热病，邪从火化，灼伤阴液，肾阴受损，肾间动气失司。综观仲景所言，其见症有三：一为气化不及州都，水湿壅滞，小便不利；二为病及他脏，出现不寐、咳、呕、下利等心肺脾胃诸证；三则，因余邪未清，内热外越而见身热、渴欲饮水。主方猪苓汤旨在滋阴液、渗水湿、清余热，用阿胶滋阴养血以润其燥，使得肾阴充足，始能化气生阳，水湿自有外达之机。三焦决渎复其气化之职，气化水行，水行气清。加猪苓、茯苓、泽泻、滑石通利三焦水湿，且滑石甘寒生津，清泄气热。二苓为淡渗之品，意在行水道而不伤阴。本剂为治疗泌尿系统感染、慢性肾炎及流行性出血热等病属下焦阴亏水蓄之良方。若血尿或尿检发现红细胞者，取阿胶止血之功，斟加藕节炭、仙鹤草等，用之颇宜。

3. 补肝益阴法

虚劳之患者，肝血亏虚，阴衰阳胜，阴不敛阳，虚热上扰，魂无所归，烦不得眠，然身却不热。推究其因，缘于肝亏血少，心失涵养。此与外感热病之虚烦不眠则不同，如《伤寒论》栀子豉汤证、黄连阿胶汤证。仲景以涵养肝阴，安神除烦之法取效，用酸枣仁汤治之。枣仁酸平，入肝经，质润性补，柔肝养阴以安神，配川芎调血养肝，理气疏肝。肝血充足，则虚烦自敛。知母养阴除烦，茯苓健脾宁心，炙甘草益中气以助生血之源，缓肝急而和药性，即《素问·脏气法时论》所言"肝苦急，急食甘以缓之"之意。用本方加减，治疗慢性顽固性失眠证属肝阴虚者，加当归、杞子、柏子仁、龙齿，去川芎（因其辛热，恐耗阴液），以养阴柔肝，益心宁神之法，疗效颇佳。

4. 养肺清心法

心肺阴虚，心系不振，治节无权，神失敛摄，百脉俱病。患者神思恍惚，饮食起居失常，当有口苦、溲赤、脉微数之症。审证按脉，究其原委，盖热病后，热势虽衰而起伏之波澜未平，且津伤液劫，已有阴虚内热之势。本病亦多见于情志郁结，化火蕴热而致者。与心身疾病及某些传染病后遗症相似，仲景称之为"百合病"。临症用药，清热不免偏于苦寒伤阴，恐蹈虚虚之弊；养阴不免愆于滋腻滞邪，复循实实之害。仲景明其所因，伏其所主，欲养阴之品，有清热之能，以求两全之计。唯平剂调补一法，育阴之中，寓以甘凉，使阴平阳，精神乃治。正治方百合地黄汤是清淡调养之剂。甘平微寒的百合润肺清心，养阴生津，与甘寒的生地汁为伍，以清余蕴。虚热加知母，虚烦加鸡子黄，小便不利加滑石，嗳气加代赭石，以各随其症，并用泉水煮药，取其澄澈清冷，共收阴益 热清之功。

（三）脾阴虚与胃阴不足辨析

脾为至阴之脏，主运化，喜燥恶湿；胃为水谷之海，主受纳，得阴始安。脾胃阴亏，受纳失常诸证，临床均非鲜见。然脾阴与胃阴之虚，两者同中有异，宜精细辨证，圆机活法。

溯脾阴虚之源，大约有三：一为自伤，脾瘅、痞疾、邪热或久泻久痢伤及脾明；二为他脏累及，《临证指南医案》曰："少阳木火犯太阴之土"而致"中虚热灼"者即是；三为腑病及脏。《明医杂著》有"胃火益旺，脾阴愈伤"之说。素体柔弱而有内热者，易罹此证。

胃阴虚之证，叶天士论述甚详。他认为其因亦有三：一为外感六淫之邪，化热化燥，致胃津枯竭，温病后期尤为常见；二为情志过度，引动木火，木火无制，真阴耗损，肾水不济，胃阴不展；三为饮食不节，五味偏胜，嗜"食烧酒辛热及青梅酸泻"所致。

临床多为两者合病，共见脾胃阴津不足，纳运失常的表现：形体消瘦，肌无膏泽，不饥不纳，烦热胸闷。唇干口燥。偏于脾阴不足者，见有大便溏薄，内热烦懑，口渴少饮，脉细软等症，系久泻失治，或连投温燥，耗劫脾阴而成，脾虚阴津失布，大肠失润，则为大便干结，小便频多之脾约证。偏于胃阴虚损者，重在于胃津不足，受纳濡降失司的表现：脘痞不舒，嘈杂隐痛，知饥不食，干呕呃逆，烦渴咽干，舌红苔剥少津，脉细数。

对于脾阴虚的治疗，张锡纯认为："宜予滋阴药中，用甘草以引归脾，更兼用味淡之药，如米仁，石斛之类。"主张"必用汁浆最多之药"。调补脾阴，当远刚用柔，以平补为贵，取淡味濡脾、滋而不腻、多汁多液之品，如山药、石斛、黄精、莲肉、扁豆。方如参苓白术散加减。食物有米仁、粳米、白蜜、南枣等，若"脾约"者，宜以麻子仁丸滋阴润肠。

滋养胃阴，当取质轻味薄、清润流通之属，如沙参、麦冬、玉竹、芦根、花粉。叶天士创柔润滋养以益胃阴之法，既无滋腻壅滞、呆补碍胃之虞，又无辛燥助火、苦寒沉降之弊，为后世开一大法门。叶氏受仲景炙甘草汤与麦门冬汤的启发，以甘凉濡润为主，拟定了著名的益胃汤，用治邪去胃阴未复之证。吴鞠通宗叶氏柔润之法，立沙参麦冬汤等方，养胃阴，理虚劳，治肺病，用于因胃阴亏损而变生之诸证。

曾治徐某胃痛案，脘痛有年，病久时发，此次发作两周余，香砂六君等已进多剂，痛势仍绵延不止。症见形体消瘦，脘痛隐隐，有灼热感，得食即缓，喜食少量酸物，舌红苔少，脉细而小数。此燥热伤阴，胃失冲和者，方既不能妄投滋腻而碍胃，又不可任用香燥而伤阴，今予养阴益胃之剂，酌入流通之品。处方：沙参9g，麦冬12g，石斛12g，生地12g，玉竹9g，芍药9g，炙甘草10g，佛手柑6g，绿萼梅9g。药进5剂，诸症均减，效不更方，守法调理10余剂，疼痛消失，胃复受纳，药尽痊愈。

二、学术经验继承人徐珊

徐珊，男，浙江中医药大学教授、主任中医师，浙江中医药大学、上海中医药大学和美国加州中医药大学博士研究生指导老师，新西兰中医学院客座教授。1973年拜浙江省金华市名老中医张兆智为师学医，1976年11月在金华市竹马卫生院任中医。1977年恢复高考后，首届考入浙江中医学院，1981～1984年，徐珊在导师蒋文照教授指导下，攻读硕士学位，1984年硕士研究生毕业后留校任教。1991～1994年，徐珊作为全国第一批老中医药专家学术经验继承工作指导老师蒋文照教授的学术经验继承人，从事经验继承整理研究工作，获颁发“全国老中医药专家学术经验继承人”出师证书。1998年晋升为教授。2001年被评为“浙江省名中医”，2003年被评为“浙江省首届高校教学名师”，2007年，被浙江省人民政府授予“浙江省有突出贡献中青年专家”称号。2002～2006年，徐珊指导带教第二批浙江省名中医学术经验继承人朱君华、成信法；2008～2011年，指导带教全国第四批老中医药专家学术经验继承人刘云霞、茹清静，4位继承人均已出师；2006～2009年，指导浙江省中青年临床名中医培养对象张爱琴，使其获“浙江省中青年临床名中医”称号。现已培养博士研究生28名，硕士研究生30名。

徐珊教授从事中医药诊治消化系统疾病的基础与临床研究，主持或参加国家级和省部级等科研课题30多项，主持完成的“21世纪中医药人才素质教育模式的研究与实践”“乐胃饮对实验性FD胃肠动力及应激能力的干预”“肠易激综合征兔模型的建立及其乐胃饮的干预”“慢性胃炎脾虚证胃黏膜蛋白质表达的相关性研究”“萎缩性胃炎脾虚证实验鼠细胞凋亡调控基因蛋白的表达”等成果获国家级教学成果二等奖，浙江省人民政府科学技术二等、三等奖，浙江省人民政府优秀成果三等奖，以及浙江省中医药科技进步一等奖等20多项奖励。发表学术论文130多篇，出版著作与译著30多部，获华东地区优秀科技图书二等奖1部，国家中医药管理局优秀论文奖和浙江省自然科学优秀论文奖等8篇。徐珊从事临床医疗工作46年，擅长内科等常见病、多发病及疑难杂症的治疗，特别是中医药诊治急慢性胃炎、胃与十二指肠溃疡、反流性食管炎、慢性结肠炎、肠易激综合征、消化不良、胃癌术后、肝胆胰等消化系统疾病与胃黏膜肠化生、异型增生（上皮内瘤样变）等癌前病变，以及亚健康的综合调理等均有独到之处。

中医药诊治消化系统疾病的基础与临床研究，主要有以下两个方面：一是开展慢性胃炎证候学的研究。通过胃黏膜蛋白质表达与慢性胃炎不同证候的相关性研究，从基因、蛋白质组学角度揭示慢性胃炎不同证候的实质，从而提出分子水平的诊断学基础，建立微观的辨证指标体系。开展基因蛋白质组学与中医证候学的相关性研究，具有开创性与探索性的意义。二是开展中医药诊治胃肠动力障碍性疾病的研究。胃肠动力障碍性疾病是近年来国内外医学界所关注的热点之一，中医药对胃肠动力紊乱性疾病的疗效和价值逐渐引起人们的重视，成为这一研究领域的亮点之一，对于临床具有较高的实用价值和指导意义。该研究以脾胃学说为指导，从脾胃升降的理论，论述脾胃升降对维持正常胃肠动力的作用，阐明脾胃升降与胃肠动力障碍性疾病的关系，提出常用的调理脾胃升降方法和临床施治要点，研究开发治疗胃肠动力障碍性疾病的中药新药。

（一）慢性胃炎证候学的研究

1. 现状分析

中医药学一般将慢性胃炎分为肝胃不和、脾胃虚弱、脾胃湿热、胃阴不足、胃络瘀血五型辨证论治。从最新的研究结果表明：慢性胃炎与幽门螺杆菌感染有密切关系。目前对于慢性胃炎各证型的研究大多从胃肠道功能、胃肠激素、免疫功能等方面进行研究，仍停留在器官、组织、细胞等形态与功能的水平上。近年来，也有从分子水平开展研究，但研究不深入，存在着低水平的重复，难以揭示其证候的实质，也影响了有效的中药制剂的开发和研究。经文献检索，国内外有关胃黏膜基因蛋白质表达与慢性胃炎各证型的相关性研究尚属空白。

然而，随着基因蛋白质组学研究的不断深入，不少专家学者呼吁将基因蛋白质组学引入中医证候实质的研究之中。有人认为，基因表达的改变是证的“内涵”。也有人提出，“证”就是基因型及其表达，是个体差异的基础。基因正常就是“正气”，基因变异就是“邪气”。现代生命科学所取得的成就，拓展了研究中医证候实质的思路。

2. 研究设想

现代发病学已由单基因病的研究，转向常见多发病的相关易感性基因的多基因调控紊乱的研究，表现为发病学的多基因复杂性状和动态演变过程，与中医学以证候概括发病过程的认识方法有显著的相似之处。由于基因不是生物功能的执行体，它总要表达为相应的蛋白质。目前已知的与慢性胃炎发病有关的基因蛋白质有：B淋巴细胞瘤-2基因（bcl-2）相关性X蛋白Bax、Fas基因、P_{16}基因、P_{53}基因、CD_{44}基因、bcl-2及肿瘤转移抑制基因nm23H_1等，这些基因蛋白质或酶在慢性胃炎患者的胃黏膜中有相应的表达。现已知道，细胞凋亡与细胞生长、分化和增殖一样，都是生命活动的正常组成部分，细胞凋亡受到了以上蛋白质基因的调控。中医学认为：慢性胃炎的发生与发展，正气不足是内因，邪气侵袭是外因。在多种致病因素作用于生命机体时，能否发生慢性胃炎及其产生的病理损害，常常是受相关（易感）基因的影响而决定其转归，即致病因素需要通过影响生命机体的某些“受体”而引发一系列的胃黏膜损害反应而产生慢性胃炎的病理过程，突出了正气和邪气在慢性胃炎发生发展过程中的重要性，体现了中医学强调机体正邪斗争的证候形成特征。

为此，从蛋白质基因分子水平探求慢性胃炎各证候的实质，通过各证候发生发展的基因蛋白质组学特征研究形成证候诊断的基础，成为疗效评价的体系，并为证候的动物基因模型复制研究奠定基础。通过胃黏膜基因蛋白质表达与慢性胃炎各证型的相关性研究，根据证候是内、外因相互作用导致的病机变化过程，依据多基因致病的关联特征，用基因蛋白质组学的理论与方法，特别是从蛋白质表达谱或表达产物的差比性分析，研究慢性胃炎各证型发生的蛋白质基因表达调控规律、证候表现的蛋白质基因特性、蛋白质基因表达调控的变化及其规律。从基因、蛋白质组学角度揭示慢性胃炎各证候的实质，从而提出分子水平的诊断学基础，建立微观的辨证指标体系。通过基因、蛋白质组学与慢性胃炎各证候之间的相关性研究，探求同一疾病不同证候与不同疾病同一证候的状态下蛋白质基因表达的差异性。

（1）“慢性胃炎气阴两虚证候学研究”项目采用临床观察宏观辨证和胃镜确诊慢性胃炎，根据中国中西医结合研究会消化系统疾病专业委员会制订的《慢性胃炎中西医结合诊断、辨证和疗效标准（试行方案）》选择病例。以不同的证候设组，取各组病例胃病变部位及周围部位黏膜组织；并设正常对照组，取健康人胃黏膜组织。将黏膜组织制作标本，采用聚合酶链式反应（PCR）与免疫组织化学法测定胃黏膜组织标本中基因蛋白质的含量，揭示慢性胃炎各证型不同基因蛋白质的表达状态。研究结果表明：慢性胃炎气阴两虚证患者胃黏膜中基因蛋白质Bax、Fas等表达率低。Bax、Fas是促进细胞凋亡的调控基因蛋白质，Bax、Fas的低表达，反映了细胞凋亡处于减弱或抑制状态，从而提示 Bax、Fas或许是慢性胃炎气阻两虚证的证候相关基因蛋白质。该成果在2002年获浙江省科学技术三等奖。

（2）“慢性胃炎脾虚证胃黏膜蛋白质表达相关性研究”项目采用临床观察和分析的方法，选择符合临床诊断并经病理检查证实的慢性胃炎患者，中医辨证属脾气虚证、胃阴虚证、脾胃湿热证者，每证候组各30例。同时选择30例健康人作为正常对照组。观察各组腹胀、脘痛、食欲、口渴、面色、体重、寒热、二便、舌象、脉象等临床症状和体征。在内镜直视下，观察胃黏膜表现，并做病理活检。有关数据资料经过统计学处理，以探求慢性胃炎脾虚证候宏观和微观诊断指标。提出慢性胃炎脾虚证候的诊断标准，包括中心证候特征（主症或必备症）、证类特征、证候转化与演变特征等；提供了反映慢性胃炎脾虚证候的胃黏膜特征。从胃黏膜病理检查的结果反映脾气虚证组慢性萎缩性胃炎（CAG）及中重度CAG所占比例为46.67%、33.33%，明显高于其他证候组，差异具有显著性（$P<0.05$）。

在此基础之上，研究细胞凋亡调控基因蛋白Bax、Fas、P_{16}在慢性胃炎脾虚证患者胃黏膜上皮细胞中的表达，以探讨慢性胃炎脾虚证候的基因蛋白表达特征。在临床观察研究的基础上，对慢性胃炎脾气虚证、胃阴虚证、脾胃湿热证三组患者，取炎症部位胃黏膜，做病理切片，用免疫组化法检测Bax、Fas、P_{16}的表达水平。同时选择健康人30例作为正常对照组。结果显示：慢性胃炎脾气虚证组、胃阴虚证组、脾胃湿热证组、正常对照组Bax的表达率分别为83.33%、66.67%、46.67%、20.00%，Fas的表达率分别为66.67%、43.33%、33.33%、10.00%，P_{16}的表达率分别为3.33%、20.00%、26.67%、53.33%；慢性胃炎不同证候组Bax、Fas、P_{16}的表达率与正常对照组比较，差异有显著性（$P<0.05$或0.01）；脾气虚证组与胃阴虚证组、脾胃湿热证组比较差异有显著性（$P<0.05$或0.01）。以标记指数（LI）计算的定量指标结果亦与其相符合。慢性胃炎不同证候组病理检查结果统计表明，脾气虚证与胃阴虚证、脾胃湿热证比较，证候的病理诊断分布构成比均有显著性或非常显著性差异（$P<0.05$或$P<0.01$）。脾气虚证组CAG、中重度CAG所占的比例（46.67%、33.33%）最高，明显高于胃阴虚证组（20.00%、10.00%）和脾胃湿热证组（13.33%、3.33%，$P<0.05$）。慢性胃炎脾虚证Bax、Fas表达增强，P_{16}表达减弱，细胞增殖与凋亡平衡紊乱，细胞凋亡处于相对亢进状态。提示胃黏膜上皮细胞凋亡调控基因蛋白Bax、Fas和P_{16}与慢性

胃炎脾虚证候有很强的相关性，慢性胃炎脾虚证的实质可能体现于胃黏膜上皮细胞凋亡水平及调控基因的变化。该成果于2006年获浙江省科学技术三等奖。

（3）“萎缩性胃炎脾虚证实验鼠细胞凋亡调控基因蛋白的表达”项目根据“疾病模型证候化”的指导思想，在CAG造模的基础上，模拟中医传统病因病机，复制CAG证病结合模型，建立CAG脾虚证模型、CAG湿热证组、CAG肝郁证组，设正常组、单纯CAG组作为对照组。从基因蛋白组学的角度揭示CAG不同证候的实质，进而提出分子水平的诊断学基础，建立微观的辨证指标体系。同时，也为CAG各证动物模型提供基因分子水平的实验指标，为动物基因模型的复制提供有价值的依据。该成果于2009年获浙江省科学技术三等奖。

3. 展望

开展基因组学与中医学证候的相关性研究，具有探索性和开创性的意义。基因组学、蛋白质组学给中医药现代化带来了新的启示和潜在的机遇，很可能是中医药现代化的一个切入点。研究成果将揭示慢性胃炎各证型的胃黏膜基因蛋白质特性、表达调控的变化及其规律，由此提出基因蛋白质分子诊断学基础和建立的微观辨证指标体系。同时，为慢性胃炎各证型的动物基因模型复制研究提供思路，奠定基础。在提高中医药学的整体学术水平、推进中医药学的现代化等方面，具有显著的社会效益和经济效益。

（二）中医药诊治胃肠动力障碍性疾病的研究

“乐胃饮对实验性FD胃肠动力及应激能力的干预”项目实验研究结果显示：乐胃饮对正常小鼠胃液体排空和小肠推进运动呈抑制作用；对全胃肠道推进运动却呈促进作用。表明乐胃饮对正常小鼠胃肠道机械动力具有显著的改善作用。脾虚模型小鼠胃肠动力作用的实验研究结果显示：乐胃饮能显著增加脾虚模型小鼠的体重，改善脾虚症状，对小肠碳末推进运动呈抑制作用。表明乐胃饮对脾虚小鼠胃肠道机械动力具有显著的改善作用。脾虚模型大鼠胃肠激素的实验研究结果显示：脾虚大鼠存在血清胃泌素（GAS）水平的显著降低和血浆胃动素（MOT）水平的显著升高，乐胃饮能提高脾虚大鼠GAS含量和降低MOT含量，其中提高GAS的作用优于香砂六君丸（$P<0.01$）。表明乐胃饮能使异常改变的GAS和MOT的含量恢复至正常水平。功能性消化不良（FD）模型大鼠胃肠激素的实验研究结果显示：乐胃饮能有效增加实验

鼠胃窦组织中P-TR物质（SP）含量和降低血管性肠肽（VIP）含量。表明乐胃饮能提高胃肠道神经兴奋性，调节胃肠道平滑肌的收缩。FD模型大鼠应激能力的实验研究结果显示：中、高剂量乐胃饮可显著增强FD大鼠的耐寒耐热能力（$P<0.01$）；高剂量乐胃饮可明显延长FD大鼠耐缺氧时间（$P<0.05$），低、中剂量组耐缺氧时间增加；高剂量乐胃饮可明显延长负重游泳耗竭时间（$P<0.05$）；低、中、高剂量乐胃饮可不同程度提高血清白细胞介素IL-2、IL-6的含量；中、高剂量乐胃饮可显著提高血清肿瘤坏死因子（TNF）含量（$P<0.01$）；中、高剂量乐胃饮可提高脾脏重量指数。表明乐胃饮能调整FD大鼠的免疫功能和提高对有害刺激的耐受能力。该成果于2007年获浙江省科学技术二等奖。

"肠易激综合征兔模型的建立及其乐胃饮的干预"项目选取临床发病率较高的肠易激综合征（IBS）为研究目标，采用所在单位自行培育而成的白毛黑眼兔（WHBE兔）作为实验动物，成功地复制了IBS动物模型，并用临床疗效肯定的自拟"乐胃饮"进行干预。研究发现：建立的WHBE兔脾虚型IBS模型具备操作简单易行、对动物伤害较小、能够较好地反映泄泻型IBS发病情况，评价指标客观，便于推广。通过对脾虚型IBS WHBE兔和日本大耳白兔模型的比较研究，观察临床症状、体重、腹围指数、粪便含水量、胸腺指数、脾脏指数、内脏敏感性、小肠推进率、活体舌象和舌组织病理形态学的变化等，检测实验兔的血清D-木糖、血清白蛋白（ALB）、总蛋白（TP）、糖、蛋白代谢、血浆环核苷酸、血清超氧化物歧化酶（SOD）、丙二醛（MDA）、谷胱甘肽过氧化物酶（GSH-Px）、一氧化氮（NO）和一氧化氮合酶（NOS）活性水平等。结果提示WHBE兔是较适合于脾虚证IBS模型研究的理想的实验动物。通过利用乐胃饮对脾虚型IBS兔胃肠激素及氧自由基影响的研究，表明自拟乐胃饮能有效调节脾虚型IBS兔胃肠激素的异常分泌及氧自由基的异常表达。该成果于2010年获浙江省科学技术二等奖。

中医药诊治胃肠动力性疾病具有明显的特色和优势，通过临床实践和实验研究，提出胃肠动力性疾病的中医药治疗策略。

胃肠动力障碍性疾病如胃食管反流病、功能性消化不良、肠易激综合征等，以脘腹胀满或疼痛、纳呆、恶心、呕吐、嗳气、腹泻等为主要临床表现，属于中医脾胃病范畴。从病因病机而言，大多由脾胃失调、升降失常、中焦壅塞、气机郁滞、脾气下陷、胃气上逆所致。因而，在治疗上以脾胃升降理论为指导，从调节脾胃气机升降入手治疗胃肠动力障碍性疾病，已得到普遍的共识。

1. 脾胃升降在维持胃肠动力中的生理作用

人体脏腑功能活动是升其清阳、降其浊阴，升降出入有序是人体新陈代谢维持生命活动的必要条件。气机升降是机体生理活动的基本形式，而脾胃升降又是气机升降之枢纽。

（1）脾胃升降的传统认识：对于脾胃升降理论，《黄帝内经》论述在前。如《素问·太阴阳明论》说："脾与胃以膜相连耳，而能为之行其津液。"《素问·灵兰秘典论》说："脾胃者，仓廪之官，五味出焉。"《素问·经脉别论》说："饮入于胃，游溢精气，上输于脾，脾气散精，上归于肺，通调水道，下输膀胱。水精四布，五经并行。"《素问·阴阳应象大论》说："清气在下，则生飧泄；浊气在上，则生䐜胀。"《黄帝内经》有关脾胃升降的论述，为后世进一步阐释脾胃升降奠定了理论基础。

张仲景从脾胃升降失职产生的病理变化，开创了温阳健脾、益气缓中及辛开苦降、通腑泻下等治疗大法的先河，创制了理中、建中、泻心、承气等传世名方。李东垣在《脾胃论》《内外伤辨惑论》中提出了"在人则清浊之气皆从脾胃出""脾胃有伤，则中气不足""惟阴火独旺，上乘阳分，故营卫失守，诸病生焉"等关脾胃的生理、病理学观点；提出了"治肝心肺肾有余不足，或补或泻，惟益脾胃之药为切"的治疗思想，首创补脾胃、泻阴火、调理脾胃升降为主的升阳汤、升阳益胃汤、补中益气汤等多首名方。

方隅有治病"以脾胃为主"之论，认为"洁古制枳术丸，东垣创脾胃论，惟独丹溪以二陈汤为主，使人调理脾胃"乃治病"王道之法"。

喻嘉言《寓意草》说："其升清降浊者，全赖中脘为之运用""故中脘之气旺，则水谷之清气，上升于肺而灌溉百脉；水谷之浊气，下达于大小肠，从便溺而消"。

叶天士总结前人之见，认为："太阴湿土，得阳始运；阳明燥土，得阴则自安，以脾喜刚燥，胃喜柔润也。仲景急下存津，其治在胃；东垣大升阳气，其治在脾"；明确提出"纳食主胃，运化主脾。脾宜升则健，胃宜降则和"的见解。张锡纯说："脾主升清，所以运津液上达；胃主降浊，所以运糟粕下行。"近人秦伯未也说："胃主纳，脾主运，胃主降，脾主升，胃当通，脾当宁。"

（2）脾脏生理功能特征

1）脾气宜升：脾能转输与运化，主要在于脾阳之温煦、脾气之宣发。

由脾所转输与运化的精微物质和水液，必须向上始能上输心肺，合肺气之化，心气之变，化生成津液与营血，而后再输往全身各部，以营养组织器官。这种由脾脏所主的精微物质与水液的上升、布散，谓之“升清”。另外，脾气对于脏腑的固托、营血的固摄，均为升提的表现。因此，脾脏从总的功能特点与生理属性而言，是“脾气宜升”，不能升清则成为病态。

2）喜燥恶湿：脾脏其性属阴，所转输之饮食精微与水液亦属阴，不论其他脏腑病态如何，只要饮食能进，脾能转输，就无脾脏阴津虚损之虑，且无论食补或药补，脾脏亦多先受其益。脾脏之所以能升清，转输与运化水谷精微，全赖中焦脾胃气机畅利。凡因饮食积滞，或湿邪留滞，皆可致脾气壅滞，而难以行其升清之能，转输与运化亦必失其常，故言脾性喜燥而恶湿。

（3）胃腑生理功能特征

1）胃气宜降，其意有三：一为胃气的布散，胃动的移行方向，皆以向下为顺；二为由口腔经食管所转输的食团，能顺利入于胃腑内；三为胃中食糜能下输入小肠，以进一步腐熟与化物。故胃腑之气以降为顺，乃是重要的生理特性之一。

胃气应降，还须降而有约，其作用使已纳于胃腑内的食物，上不致反流食管，下则有制约地逐渐移送入小肠，而且进入小肠内的食糜，亦不致反流入胃内，从而保证食物在胃内能进行充分腐熟，以利进入小肠后的进一步腐熟与化物的功能。

2）喜润恶燥，是胃腑的又一生理特性。胃腑依附阴津之濡养而健盛，阴津充足则能保护胃之形质，润泽食物，助其化物。胃腑阴津亏虚，则失濡润而生燥，久则胃气失和，乃至生机不荣，胃阳亦难布散，故胃腑喜润恶燥。因此，保持充足的水分与多汁的营养饮食，同时，保证胃腑阴津的生化能力，是维持胃腑正常生理功能的措施之一。

由上所述，胃腑的生理特性与脾脏的生理特性不同，但是，两者之间相互联系，互为作用。脾胃属土，同居中焦。脾气宜升，喜燥恶湿；胃气宜降，喜润恶燥。胃为腑，属阳土而居于表；脾为脏，属阴土而位于里。胃与脾，一阳一阴，一表一里，一纳一运，一降一升，一润一燥，相反而相成，共同担负着化生水谷精微，濡养五脏六腑、四肢百骸的作用。其中，脾胃失降功能至关重要。在正常的生理情况下，脾升胃降机枢、和畅脏腑气机升降有序，清升浊降阴平阳秘，则胃肠动力正常而协调有序。

2. 脾胃升降失调与胃肠动力障碍性疾病的关系

脾胃脏腑阴阳互相联系，升降相因，燥湿相济，才能保持正常的胃肠动力，维持水谷饮食的消化吸收。这种生理功能的失调，就会导致气机逆乱，出现胃肠动力障碍而发病。胃肠动力障碍性疾病就其临床表现而言，与中医学中的痞证、嗳气、呕吐、呃逆、反胃、泄泻等相当，属于“脾胃病”之范畴。其病变主要表现在中焦之纳运升降失常。如纳少不饥呕呃，是为胃病；纳谷化迟作胀，是为脾病。清气不升，上为头眩短气，下为溏泄下利，责之于脾；浊气不降，上为呕吐呃逆，下为痞满便结，责之于胃。就病位而言，胃病多在胸脘，其势上逆；脾病多在脘腹，其势下趋。生理特性不同，病理表现各异。

（1）脾升不及，脾虚下陷：脾升不及，临床每以脘腹满闷、纳食呆钝、肢体困倦或面萎神疲、头晕目眩等为基本见症。如果脾虚严重，气虚无力升举而反向下，又会出现脾虚下陷，临床多在脾升不及见症基础上，更见脘腹坠胀、便泄稀溏、肛门坠胀或便后脱肛等。

（2）胃降不及，胃气上逆：胃降不及，临床多以胸脘胀满、纳食不佳，或脘腹胀痛、便秘不调等为基本见症。如果胃气不降而反升逆，便会出现胃气上逆的呕吐、嗳气、呃逆、反胃等。

由于脾胃之间的相互关系，容易出现病变上的互相影响。脾升胃降是相对的，同时升与降又可相互影响，升之不及则为降，降之不及反为升。再加之脏腑之间的相互累及，故而脾胃升降失常的病理变化往往错综复杂。临证时尚须从整体出发，结合脾胃升降与其他脏腑的相互联系详加辨识。如果单从脾胃升降角度来认识病证的寒、热、虚、实，一般而言，脾升不及，脾虚下陷多为虚证、寒证或本虚标实证；胃降不及，胃气上逆则以实证、热证为多。

3. 调理脾胃升降在治疗胃肠动力障碍性疾病中的运用

历代医学非常重视脾胃升降理论，如李东垣说：“脾胃之寒热虚实，宜燥宜润，应当详辨，至于升降二字，尤为紧要。”《吴医汇讲》说：“求东垣治脾胃之法，莫精于升降”“俾升降失宜，则脾胃伤，脾胃伤则出纳之机失其常度，而后天之生气已息，鲜不夭折生民者已”。叶天士说：“纳食主胃，运化主脾，脾宜升则健，胃宜降则和。”这些都说明脾胃升降失调是胃肠动力障碍性疾病的主要机制，调理脾胃升降是治疗胃肠动力障碍性疾病的基本原则和有效方法。

（1）常用治法

1）益气健脾法：脾虚气弱，无力升举，便会导致升降失常。症见：面色淡白，体倦乏力，少气懒言，纳呆，腹胀肠鸣，泄泻便溏，脉虚。健脾益气是培本疗法。代表方如四君子汤、参苓白术散等。

2）温中健脾法：中焦脾胃虚寒，纳食运化失司。症见：呕吐泄利，脘腹冷痛，得温稍减，口淡不渴，肢体不温，舌淡胖苔白滑，脉弱等。代表方如理中汤、黄芪建中汤等。

3）补气升陷法：脾虚气陷，则清阳不升。症见：少气懒言，头晕乏力，泄泻，脱肛，胃腑下垂，腹部坠胀，脉弱等。代表方如补中益气汤、升阳益胃汤等。

4）和中降逆法：胃气应降而不降，则气机上逆。症见：恶心，呕吐，嗳气，呃逆，眩晕，胸脘痞满等。代表方为旋覆代赭汤。属寒者用丁香柿蒂汤，属热者用黄连苏叶汤、橘皮竹茹汤。

5）升清降浊法：长夏梅雨季节，感受湿浊之邪，困遏中焦，脾之清阳不升而泻，胃之浊阴不降而呕，清浊相干，吐泻交作。症见：头身困重，胸中痞闷，腹部胀痛，呕吐下利等。代表方如藿香正气散、半夏泻心汤。

6）清热化湿法：湿热蕴结中焦，纳运之职失权。症见：头重身困，胸痞腹胀，纳呆泛呕，便溏不爽，舌红苔黄腻，脉濡数。代表方如甘露消毒丹、黄连温胆汤。

（2）施治要点

1）顺应脾胃特性：治疗胃肠动力障碍性疾病，应根据病证表现，细察气机失调之所在，明辨脏腑病势之趋向，然后顺应气机升降之规律，应用药物升降浮沉之特性，或因势利导，或逆向调整，使异常的升降状态恢复正常。其中，脾宜升、宜健、宜燥、宜温、宜补；胃宜降、宜和、宜润、宜清、宜泻。脾胃升清降浊既对立又统一，脾升胃降既是脏腑的协调，表里的相关，更是功能的配合。胃肠动力障碍性疾病升降之机遭受破坏，脾胃功能协调亦会受到影响。若胃气伤，失于和降，必然影响脾的升清和运化；脾气虚，运化失职，清气不升，又可影响胃的受纳与通降。脾升是胃降的前提，胃降是脾升的保证。只有清气正常上升，浊气方得以更好下降，而浊物之降更促使清气之上升，两者相得益彰。

2）重视整体联系：人体是一个有机的整体，脏腑器官之间不仅在结构上通过经络系统的联络沟通成一体，在功能上也相互协同，相互依赖。脏腑之间气机的升降联系，既有相互资助的联系，亦有相反相成的联系。某一脏腑的气机升降运动有助于其他脏腑的同一升降运动形式。心、肺、肝、肾等脏腑的功能与脾胃升降的关系十分密切。其中，肝升肺降促进了脾运胃纳，有助于脾胃升降。如肝气的升发，有助于脾气的升清，使之运化正常；肺气的肃降，有助于胃腑的排空和大肠腑气的通降，使之传导正常。

3）合理配伍升降：脾胃气机升降相因，相反相成，临床上升降之法常常并用。通常将不同升降作用的药物进行合理搭配，使药剂的作用与脾胃气机升降相因的规律相顺应，以升促降，以降促升，有利于流通气机，提高疗效。其中，苦辛配伍首当推重。苦辛配伍是以苦寒药与辛温药配伍应用的一种方法，既非单纯苦寒泻火清热，亦非纯粹辛温祛寒燥湿，而是以苦寒泄降，辛温通阳相佐为用。《素问·阴阳应象大论》曰："辛甘发散为阳，酸苦涌泄为阴。"苦辛配伍之意即以苦能降能泄而和阳，辛能通能开而和阴。两者合用，泄中有开，通而能降，阴阳相和，用以通阳散结，流通气机，而恢复中焦升降转输之机能，使"清阳出上窍，浊阴出下窍，清阳发腠理，浊阴走五脏，清阳实四肢，浊阴归六腑"。

4）应从通降入手：胃与肠属于腑，六腑传化物而不藏。胃肠喜疏通而恶郁滞，胃腑受纳排空以通为用，以降为和；肠道传导化物以下行为顺，以通为补。胃肠主通主降，通降则生化有源，出入有序，否则传化无由，壅滞为病。胃肠动力障碍性疾病属虚则有阳虚或气阴两虚，属实则有湿阻、气滞、血瘀、食积、热郁等，故治法有温、清、消、化、补等之别，但是，总要着眼于通调气机、气顺中和、胃肠通降，胃之纳运传化之作用方能正常发挥。

5）顾护胃气为先：人以胃气为本，所谓胃气，即脾胃之消化吸收机能，在一定程度上代表了机体的抗病能力，说明胃气在人体的特殊重要性。临证治病，应时时扶护脾胃之气，用药宜选轻清平和之品。脾胃既病，胃气已伤，纵然有湿浊、痰浊、瘀浊、食浊等浊邪内阻，亦不堪重剂再创。方药轻清灵动，使脾胃气和，中焦通达，升降协调，出入有序，则于清淡之中见神奇，轻灵之中收其功。

蒋老长期致力于脾胃病证与和法的研究，形成了独特的理论见解、临床技术和诊疗手段，后续又有了实践与发展这种见解、技术和经验的继承者，使其学术思想得以传承不息。

附录一

大事概览

1925年10月4日，蒋文照出生于浙江省嘉善县天凝乡蒋村村。清嘉庆年间，其祖先蒋浜自江苏常州迁居嘉善南。祖父蒋吉甫为前清秀才，以教书授业、经营坯业为生。父亲蒋士彬，字焕如，一生经商，广结朋友，为人和善，饮誉乡间。生有四子，蒋文照乳名贞观，排行第三。

1932年9月～1936年7月于嘉善县蒋村小学学习。

1936年9月考入嘉善县城内珍珠桥小学高小部学习，因抗日战争日军侵扰停学半年，于1939年2月毕业。

1939年9月考入设址在嘉善县西塘的嘉善中学，学习半年后，该校迁址至嘉善县天凝，继续学习一年半。

1942年2月～1944年1月，因抗日战争日军清乡，学校无法上课而停办。在长兄蒋文熙（时为嘉善中学教师）辅导下，在家学习古文等。

1944年2月25日，经同村翁善言（时任嘉善杨庙米行经理，后在桐乡县中粮公司任职）介绍，赴位于杨庙的徐松全诊所，拜晚清御医陈莲舫再传弟子嘉兴名医徐松全为师学医，一年后随业师在嘉兴油车港马厍汇侍诊，至1949年1月完成5年学业。

1949年1月，在嘉善县蒋村家中开设中医诊所，悬壶开业。其时，经业师徐松全介绍，与徐舜明（徐松全之侄女，嘉兴幼儿师范肄业）结婚。育有一女二子，长女蒋家珍，长子蒋兴华，次子蒋小光。

1950年10月，经嘉善县天凝镇中医郑静山（乃师叔）与吴静芝介绍，加入嘉善县天凝镇医务工作者小组。

1952年4月1日，嘉善县天凝区联合诊所成立，先后兼任所务委员、第一分所负责人等职。同年7月，作为代表参加嘉善县中西医师代表大会。

1956年2月25日，接到赴浙江省中医进修学校（浙江中医药大学前身）第四期师资班学习的通知，27日到嘉善县卫生局报到，并办理相关手续。27日到杭州浙江省中医进修学校报到，注册入学。

1957年6月，于浙江省中医进修学校（浙江中医药大学前身）师资班学习，在学期间成绩优异，评为优等生，留校任教。

1959年5月～1959年8月，入北京中医学院（北京中医药大学前身）医经师资班进修学习。

1959年6月，在创建于1953年6月的浙江省中医进修学校的基础上正式成立浙江中医学院。同年10月，任函授部负责人，负责编写“中国医学史”“黄帝内经”“金匮要略”“中医诊断学”“中医内科学”“中医妇科学”“中医儿科学”等函授讲义7种14本。

1959年被评为浙江中医学院先进工作者。

1963年被评为浙江医科大学（浙江中医学院与浙江医科大学合并期间）先进工作者。

1973年3月始任中医基础教研室负责人、主任。

1977年10月，任第五届浙江省人民代表大会代表。

1977年，被评为浙江中医学院先进工作者。

1978年9月，学校建立浙江中医学院学术委员会，任副主任。

1978年11月，学校成立研究生指导小组，为古典医著小组成员。

1978年，被评为浙江中医学院先进工作者。

1979年，任浙江省中医学会常务理事、副秘书长，兼任浙江省中医基础理论研究会主任委员。

1979年7月，任中医系副主任，1980年5月兼任各家学说教研室主任。

1979年10月，经学校副院长詹起荪教授等介绍加入中国共产党，1980年10月按期转正。

1980年12月，兼任中医系党支部副书记。

1981年3月，晋升为副教授。

1981年12月，国务院学位委员会批准浙江中医学院成为首批硕士学位授予单位，设置中医基础理论、中药学、中医内科学、中医妇科学、中医儿科学五个硕士点。招收1981年级硕士生徐珊，任指导老师。

1982年，被命名为“浙江省名中医”，1994年12月16日，浙江省人民政府授予荣誉证书。

1982年4月，学校调整浙江中医学院学术委员会，继任副主任。

1983年4月16日，《浙江日报》公布，任浙江省第五届政协委员。

1984年6月，任函授部副主任兼函授部图书馆党支部副书记。同年11月兼任文献研究室主任。

1986年2月，任《浙江中医学院学报》编辑部主任。

1986年10月，获浙江省卫生厅颁发的“从事中医药工作三十年”荣誉证书。

1986年11月，晋升为主任中医师。

1987年12月，晋升为教授。

1988年11月，任浙江省中医药高级技术职称评审委员会成员，参加浙江省中医药高级专业技术职称评审工作。

1991年4月14日，浙江省科技干部局、卫生厅联合发文，经国家人事部、卫生部、国家中医药管理局遴选，确定为第一批全国老中医药专家学术经验继承工作指导老师。同年5月，周亮、徐珊确认为其学术经验继承人。

1991年6月12日，参加由浙江省卫生厅等单位联合召开的浙江省继承老中医药专家学术经验拜师大会，其学术经验继承人周亮、徐珊行拜师礼。

1993年2月，国务院授予“具有突出贡献专家”证书，并享受“政府特殊津贴”。

1994年6月，学术经验继承人周亮、徐珊通过国家中医药管理局委托浙江省卫生厅组织的出师考核。同年12月，周亮、徐珊获人事部、卫生部、国家中医药管理局颁发的“全国老中医药专家学术经验继承人出师证书”。

1996年3月退休，仍坚持每周二、五、六上午在浙江名中医馆和浙江中医药大学第二门诊部出专家门诊。

1997年9月，徐珊编著的整理慢性胃炎诊疗经验的专著《慢性胃炎证治》由浙江科学技术出版社出版发行。

1998年4月，徐珊负责完成的“蒋文照教授诊治脾胃病经验特色研究”成果获浙江省中医药科学技术进步三等奖。

2000年5月，学校聘任金庸先生为名誉教授，5月10日金庸先生来校，为其诊脉。

2005年4月，“蒋文照、葛琳仪学术思想及临证经验研究”项目列入国家“十五”科技攻关计划（项目编号：2004BA721A01Z56）。

2007年4月，“蒋文照、葛琳仪学术思想及临证经验研究”项目通过科技计划项目验收，2008年1月登记为浙江省科学技术成果（登记号：0723002）。

2007年6月27日，夫人徐舜明因病逝世，享年84岁。

2008年5月，徐珊负责完成的“蒋文照、葛琳仪学术思想及临证经验研究”成果获浙江省中医药科学技术创新二等奖。

2008年7月19日，因病致多脏器衰竭送入浙江省中医院ICU治疗，经全力抢救无效，于8月5日16时逝世，享年83岁。

2010年11月，徐珊任负责人的“蒋文照名老中医药专家传承工作室”列入国家中医药管理局全国名老中医药专家传承工作室建设项目。

2013年3月，徐珊主编的“蒋文照医学丛书”之《蒋文照学术撷英》《蒋文照医案精选》《蒋文照医学传承》《蒋文照手稿真迹》被上海浦江教育出版社列入上海市重点图书出版发行。

2014年9月16日，徐珊任负责人的“蒋文照名老中医药专家传承工作室”通过全国名老中医药专家传承工作室建设项目验收专家组的考核验收，评定成绩94.5分，验收结论为“优秀”。

附录二

学术传承脉络

陈莲舫

↓

李子牧

↓

徐松全

↓

蒋文照

↓

周亮　　徐珊

后　记

蒋文照教授是我读研究生时的指导老师，也是我作为学术经验继承人的第一批全国老中医药专家学术经验继承工作的指导老师。2010年11月“蒋文照名老中医药专家传承工作室”列入国家中医药管理局首批全国名老中医药专家传承工作室建设项目，我担任传承工作室负责人。为了传承蒋文照教授的学术思想、临证经验和文化理念，本人组织编写了“蒋文照医学丛书”4册：《蒋文照学术撷英》《蒋文照医案精选》《蒋文照医学传承》和《蒋文照手稿真迹》，2013年3月上海浦江教育出版社列入上海市重点图书出版发行。“蒋文照医学丛书”全面系统地整理总结了蒋文照教授的从医之路、治学经验、学术思想、技术专长，以及传承后学的成就等。

2019年适逢浙江中医药大学建校60周年，学校组织编写“浙江中医临床名家”丛书，每位医家单独成册，负责编写蒋文照教授这一册的任务就落在我的身上。虽然尽了极大的努力，收集新的资料，但就展现蒋文照教授学术经验的真实性而言，离不开“蒋文照医学丛书”的内容，临床病案、学术观点、医学承传等也不能随意改变。上海浦江教育出版社有限公司着眼于支持中医临床研究发展的大局，同意在编写《浙江中医临床名家·蒋文照》时引用“蒋文照医学丛书”中的相关内容，在此对上海浦江教育出版社有限公司表示崇高的敬意和衷心的感谢。同时对所有参与《浙江中医临床名家·蒋文照》的编写者表示深深的谢意。

徐　珊

2019年5月18日于杭州